KB138289

외로움의 철학

외로움의 철학

A Philosophy of Loneliness

라르스 스벤젠 지음 | 이세진 옮김

청미

* 이 책의 원서는 2017년 노르웨이 Universitetsforlaget에서 펴낸 『ENSOM-HETENS FILOSOFI』이며, 우리말 번역은 2017년 영국 Reaktion Books가 출간한 영문판 『A PHILOSOPHY OF LONELINESS』을 텍스트로 삼았습니다. 이 과정에서 저자, Universitetsforlaget, Reaktion Books 모두의 동의와 허락을 받았음을 밝힙니다.

차 례

여기 내게는 전부가 외로움

여기 내게는 외로움

외로움

문도그

내가 외로움에 대해 안다고 생각했던 바는 거의 다 틀렸다고
판명이 났다. 나는 여성보다 남성이 고독할 거라 생각했다. 외로
운 사람들이 그렇지 않은 사람들보다 실제로도 더 고립된 생활
을 할 거라 생각했다. 1인 가구의 뚜렷한 증가가 외로운 사람들
의 수에 상당한 영향을 미칠 거라 짐작했다. 소셜 미디어가 일상
적인 사교 생활을 대체하기 때문에 사람들이 한층 더 외로워지
리라 예측했다. 외로움이 비록 주관적 현상일지라도 이 현상은
개인의 기질보다 사회적 환경이라는 맥락 속에서 더 잘 이해할
수 있을 거라 믿었다. 스칸디나비아 국가들에는 외로움을 느끼는
이들이 유독 많거니와, 그 수가 점점 늘어나는 추세라고 믿었다.

어디 그뿐이랴, 나는 외로움을 경험하는 인구의 증가가 후기 현대의 개인주의와 관계가 있으며 집단주의 사회보다 개인주의 사회에서 외로움 문제가 더 심각할 거라고 생각했다.

내가 지금껏 다뤘던 모든 주제를 통틀어, 애초의 짐작을 이 정도까지 다 뒤집어야 하는 주제는 없었다. 그리고 이러한 선입견은 발에 차일 만큼 흔하다. 사실, 그러한 선입견이야말로 대중 매체가 제시하는 표준 그림이라고 할 만하다. 대중 매체는 허구한 날 '전염병처럼 번지는 외로움' 같은 표현을 남발한다. 내가 이 글을 쓰는 시점에서도 구글 검색창에 '외로움'과 '전염병'을 함께 집어넣으면 40만 개에 달하는 결과가 뜬다. 그렇지만 외로움이라는 문제를 실제로 다뤄볼라치면 그런 짐작들로 만들어낸 이미지가 심각한 오해를 낳기 일쑤다. 사실, '전염병처럼 번지는 외로움'은 대중 매체에 나타난 것 말고는 다른 경우를 찾아보기가 힘들다. 요 몇 년간 대중 매체에서 '외로움'이라는 단어의 사용은 확 늘었다. 외로움은 꾸준히 더 많은 관심을 받아왔지만 그렇다고 해서 외로움이 더 늘었다고 볼 수는 없다.

그래도 참이라고 볼 만한 추정이 하나 있기는 하다. 외로움이 당사자들에게 심각한 문제가 될 거라는 추정 말이다. 외로움은 많은 이들의 정신적·신체적 건강은 말할 나위도 없고 삶의 질에 지대한 영향을 끼친다. 하지만 외로움은 수치심을 동반하기 때문에 다루기 어려운 주제다. 그와 동시에, 우리는 혼자 있을 때 최고의 순간을 맞이하기도 한다. 이런 경우의 외로움을 '고독'이라명명한다면, 고독은 나 자신과 세계 속의 내 자리에 대해서 중요한 말을 들려준다.* 이 책은 외로움이 과연 무엇인지, 어떤 이가 외로움에 빠지는지, 어째서 외로움이라는 감정이 발생하고 그악스럽게 날뛰다가 마침내 사라지는지, 외로움을 개인이나 사회와 어떻게 결부할 것인지 알아보려는 시도의 결과물이다.

일반적인 인간 현상

외로움이라는 감정을 군이 설명할 필요는 없을 것이다. 다들 어릴 적부터 외로움을 안다. 나만 빼고 모두 같이 놀 친구가 있는 것 같았던 그날 이후로, 누군가 함께 있어주기를 간절히 바랐지만 결국 혼자 보내야 했던 어느 저녁 이후로, 다른 사람들은 서로 어울려 놀기 바쁜 파티에서 아는 사람 하나 없이 멀뚱히 서 있다 돌아온 이후로, 이성 친구와 나란히 누운 채 이제 이 사람이랑은 끝이구나 확실히 깨달은 그 밤 이후로, 그들이 영영 떠나가고 텅 빈 집에서 홀로 지내본 후로.

---

* 영어에서 loneliness와 solitude는 모두 홀로인 상태의 정서를 가리키지만 현대 영어에서는 전자가 좀 더 부정적인 의미로 쓰인다. 특히 철학 및 심리학에서 loneliness는 타인을 필요로 하지만 타인과 함께하지 못하는 소외를, solitude는 대체로 자발적인 자기 격리를 의미한다는 차이가 있다. 그러나 '고독사', '독거' 등의 단어만 보아도 알 수 있듯이 우리말에서는 외로움과 고독의 차이가 그렇게까지 유효하지 않다. 어쨌든 이 책에서는 loneliness를 '외로움', solitude를 '고독'으로 옮겼다.

이하 *표시를 한 각주는 역자 주이며, 번호 표시를 한 미주는 저자 주이다.

사랑에는 늘 치러야 할 대가가 있는 법, 외로움은 그 대가의 일부다. 다른 이에게 마음을 쓰거나 애정을 쏟는 이라면 누구나 그 사람이 물리적으로든 감정적으로든 떠나버리고 없을 때 외로움을 느낄 것이다. 물론, 상처받지 않기 위해서 애초에 아무하고도 각별한 관계를 맺지 않으려 드는 이도 있다. 하지만 그러한 노력의 대가는 더욱더 커다란 외로움이다.

외로움은 의미심장한 방식으로 우리를 다른 사람들과 유리시킨다. 그런데 우리에게는 다른 사람들과의 유대를 통해서만 존재할 수 있고 계발할 수 있는 중요한 면모들이 있다. 따라서 외로움은 우리를 우리 자신과도 유리시킨다. 스탕달이 다음과 같은 말을 했다. "고독 속에서 모든 것을 얻을 수 있으나 성격만은 얻지 못한다."[1] 하지만 고독한 이는 성격 외에도 그 이상의 많은 것들을 놓친다. 기본적으로, 고립된 사람은 사람 구실을 할 수 없다. 타인들과의 연결, 그리고 그들과 함께하는 경험이 우리의 인간다움을 형성한다. C. S. 루이스가 썼듯이 "우리는 완전한 자각에 이르자마자 외로움을 발견한다. 우리는 신체적으로, 정서적으로, 지적으로 타인을 필요로 한다. 우리가 뭐라도 알려면, 우리 자신을 알려고만 해도, 타인은 꼭 필요하다."[2] 하지만 여기서 한 발짝 더 나아가야 한다. 우리에겐 우리를 필요로 하는 타인이 필요하기도 하다.

군중 속에서든, 집에서든, 야외에서든, 아무도 없는 교회에서든, 사람은 얼마든지 외로울 수 있다. 외로움에 대한 노래는 셀 수 없이 많지만 「전부 외로움(All is Loneliness)」처럼 외로움의 본질을 반복적이고 참담한 우울감으로 잘 포착한 노래는 없는 것 같다. 이 노래의 원곡자는 뉴욕의 눈먼 노숙자 아티스트 문도그 (Moondog, 1916~1999)다. 그는 세계에서 가장 인구 밀도가 높은 도시 중 하나인 뉴욕 맨해튼 한복판의 어느 건물 입구에 앉아 이 노래를 만들었다. 게오르크 지멜은 「대도시와 정신적 삶」이라는 에세이에서 대도시만큼 외로움이 뼈저리게 사무치는 장소는 없다고 말했다.[3] 그는 외로움이 공동체의 결여가 아니라 오히려 충족되지 못한 공동체의 이상(理想)을 의미한다고 강조했다.[4] 우리가 사회적 동물이 아니라면 외로움도 없을 것이다. 사회적 동물이라는 바로 그 이유 때문에 우리는 누군가와 유대가 없는 사회적 공간에 서식하기를 심히 외로워한다. 알렉시 드 토크빌도 일찍이 1930년대에 미국의 민주주의를 연구하면서 같은 지적을 했다.[5] 그의 편지에는 사막에서의 고독이 사람들과 부대끼면서 느끼는 고독보다 덜 가혹하다는 문장이 있다.[6] 2004년도 《뉴요커》에 실렸던 카툰은 대도시의 우울한 이미지를 잘 보여준다. 카툰 속에는 어떤 노점 상인이 팻말을 들고 있다. '눈 한 번 맞추는 데 1달러.' 외로움은 대도시에 분명히 있으나 거기서만 찾으란 법은 없다. 사람이 사는 곳이면 어디든 외로움이 있다. 작은 마을이나 시골보다 대도시에서 외로움이 더 흔하라는 법도 없다.

누구나 때때로 외롭다. 외로움을 전혀 느껴본 적이 없는 사람은 아마 정서적으로 뭔가 결핍이나 문제가 있을 것이다. 이렇게 말하는 이유는 간단하다. 인간은 아주 어릴 때부터 타인과의 연결을 필요로 하는데, 이 욕구가 인생의 매 순간 꼬박꼬박 채워질 수는 없기 때문이다. 다른 한편으로, 외로움에 대한 설문 조사에서 응답자의 상당수가 자기들은 '결코' 외롭지 않다고 주장했다는 사실도 받아들여야 한다. 나는 이 결과가, 일반적으로 말해서, 응답자들이 외롭지는 않지만 외로운 느낌이 무엇인지는 분명히 알고 외로움은 삶 속에 늘 가능성으로서 존재한다는 의미라고 해석한다.

사실, 많은 이들이 지금은 "외로움의 시대"[7]라고, "외로움이라는 전염병"[8]을 적극적으로 해결해야 한다고 주장한다. 그런데 외로움이 과거보다 오늘날 더 기승을 부린다고 믿을 이유는 딱히 없다. 실제로 지난 수십 년간의 경향을 평가할 자료가 될 만한 역학 연구들이 있는데, 이 연구들에서는 전반적으로 외로움이 예전보다 더 널리 퍼지지는 않았음을 보여준다. 게다가 이 맥락을 사상사로 옮겨 살펴보면, 외로움은 '지루함'이라는 개념처럼 어느 특정 시기에 크게 일어나 빠르게 확산되었다고 보기 어렵다.[9] 구약 성서 시대부터 오늘날까지, 외로움의 개념은 다양한 변형들을 거치면서도 줄곧 존재해왔다. 외로움을 둘러싼 논의는 특정 시기에, 이를테면 계몽주의 시대와 낭만주의 시대에 크게 일어났다. 하지만 그런 논의가 '지루함'의 경우처럼 당대에 일어난 사회적 변화들과 직접 관련이 있었던 것은 아니다. 그 이유는 오래전부터 외로움은 인간이라면 으레 느끼는 감정으로 인식되어

왔기 때문이다. 그렇긴 해도 지난 30여 년간 외로움에 대한 연구는 크게 늘었다. 이처럼 고취된 문제의식이 외로움이 더 심각해졌다고 생각할 만한 이유가 된다고는 해도, 외로움이 과거에 비해 오늘날 유독 문제가 된다고 주장할 만한 자료는 없다.

더구나 이 책에서 외로운 자와 그렇지 않은 자를 구분해서 다룰 때, 그러한 관념화는 개인들이란 매우 균일한 존재들이어서 칼로 무 자르듯 이 집단 아니면 저 집단으로 나뉜다는 인상을 준다. 반면, 현실에서 우리가 다루는 것은 그렇게 나뉠 수 없는 연속체다. 외로움에 대한 일반 진술은 항상 외로움의 원인과 경험이 엄청나게 다양할 수 있다는 사실을 염두에 두고 읽어야 한다. 예를 들어, 왕따 피해자가 경험하는 외로움은 기본적으로 외부 원인에서 비롯된 것이다. 하지만 사랑하는 가족과 친구들이 평생 부족한 적이 없었던 사람이 끈질긴 외로움에 시달린다면 그 외로움의 원인은 그 사람 내면의 정서적·인지적 기질, 혹은 그러한 개인적 기질의 계발에서 찾아야 할 것이다. "외로운 사람은 x라는 경향이 강하다." 식의 일반 진술 —— 여기서 x는 인지적·정서적·행동적 특질을 가리킨다 —— 은 '외로운 사람' 집단의 두드러지는 특질들을 강조하지만 이미 그 집단 안에 너무 다양한 변형들이 있으므로 특정 구성원이 x라는 특질을 반드시 보이지는 않는다. 그러므로 좀 더 세심한 구분이 바람직할 것이다. 예를 들어 특질 x는 a 유형의 외로움을 느끼는 사람들에게 우세하지만 b 유형의 외로움을 느끼는 사람들은 그렇지 않다든가 하는 식으로 말할 수 있도록 말이다. 하지만 그러한 구분이 의미 있는 수준으로 이루어지기에는 아직 연구가 부족하다.

　일반적으로 타인과 함께 보내는 시간이 혼자 보내는 시간보다 만족도가 높다고 하나[10] 여기서도 개인차는 상당하다. 혼자 시간을 보낸다는 것 자체는 긍정적이지도 않고 부정적이지도 않다. 혼자서 시간을 어떻게 보내느냐가 핵심이다. 혼자(alone)라는 것—'올원(all-one)', 나 하나가 모든 것인 바로 그 지점—은 최고의 순간과 최악의 순간을 모두 경험할 수 있는 상황에 있다는 뜻이다. 에밀 시오랑(Emil M. Cioran)은 그 긍정적인 한 예로 글쓰기의 순간을 들었다. "지금 이 순간, 나는 혼자다. 무엇을 더 바랄 수 있으랴? 이보다 강렬한 행복은 없거늘. 그렇다, 고독에 귀 기울이는 행복은 침묵의 힘을 받아 한층 더 불어난다."[11] 한편, 사르트르의 「구토」에는 극도로 부정적인 고독이 나타난다.

　무시무시한 고독에 빠진 나는 자살을 생각했다. 나의 죽음에 마음이 움직일 이가 한 명도, 정말이지 단 한 명도 없을 거라는 생각이 들자 나는 살아서보다 죽어서 한층 더 고독할 성싶었다.[12]

　사르트르의 인물 로캉탱은 이러한 절망을 표현하는 데 있어서 만큼은 혼자가 아니다. 마크 트웨인의 「허클베리 핀의 모험」의 허클베리 핀도, J. D. 샐린저의 「호밀밭의 파수꾼」의 홀든 콜필드도, 그 외에도 허다한 소설 속 인물들이 너무 외로워 죽어버리고 싶다고 토로한다. 하지만 다른 이들은 고독이 내포하는 괴로움을 인정하면서도 그 경험이 개인의 성장에 꼭 필요하다고 믿는다. 그 때문에 라이너 마리아 릴케는 다음과 같이 썼다. "그대의 고독을 사랑하고, 고독이 그대에게 온당한 슬픔으로 불러일으킨 고통마저 참아내십시오."[13]

인생이란 우리의 연결 욕구가 충족되리라는 보장도 없이 흘러가는 것. 어떤 이는 어쩌다 가끔 외롭고 또 어떤 이는 외로운 줄 모르고 살건만 어떤 이는 날이면 날마다 외롭다. 외로움은 일상의 한복판에서 찾아올 수도 있고, 심각한 생의 위기에 찾아올 수도 있다. 모두가 이 감정을 알지만 모두가 같은 방식으로 경험하지는 않는다. 그중 소수만이 장기간 심각한 문제로 볼 만한 외로움을 겪는다. 실제로 어떤 이들은 외로움을 매우 다양한 방식으로, 매우 빈번하게 느끼기 때문에 고질적이라고 볼 만하다. 일시적 외로움은 분명히 불편하고 고통스러울지언정 감당할 수가 있다. 그러나 고질적 외로움은 한 인간의 삶 전체를 서서히 약화시킬 위험이 있다.

이런 유의 외로움을 영화에서 찾아보자면, 마틴 스코세이스 감독의 「택시 드라이버」의 주인공 트래비스 비클이 떠오른다. "외로움은 평생 어디서나 나를 따라다녔지. 술집이나, 차, 보도, 상점 할 것 없이 어디서나. 피할 곳은 없어. 나는 신의 외로운 인간이지." (그런데 이 마지막 대사는 시나리오 작가 폴 슈레이더가 토머스 울프의 유명한 에세이 제목을 그대로 빌려온 것이다.) 같은 맥락에서, 신이 자기가 창조한 세상에서 마음에 들지 않은 것으로 맨 처음 지목한 것이 아담의 고독이었다는 점도 짚고 넘어갈 만하다. "야훼 하느님께서는 '아담이 혼자 있는 것이 좋지 않으니 그의 일을 거들 짝을 만들어주리라.' 하셨다."[14] 이 모티프는 성경에 자주 나온다. 『시편』에서 다윗은 자기를 걱정해주는 사람이 하나도 없다고 한탄한다.[15] 『전도서』에서는 외로운 사람은 인생이 얼마나 고달픈지 강조한다.[16] 성경에서 욥보다 더 외로웠던 이는 거의 없으리라(십자가에 매달린 그리스도가 있기는 하지만).

우리 모두에게는 타고난 이중성 혹은 내적 반목이 있다. 그래서 타인들을 원하고 그들에게 끌리는 한편, 혼자 있고 싶어서, 타인과 거리를 두고 싶어서 타인들을 피하기도 한다. 이마누엘 칸트는 이러한 성향을 '비사교적 사교성'이라고 절묘하게 표현했다.[17] 내적 반목의 양극단에는 긍정적으로 경험되는 외로움과 부정적으로 경험되는 외로움이 있다. 이 이원성은 더 나아가 외로움에 대한 다양한 묘사들 속에서 나타난다. 외로움은 확실히 부정적인 특성을 띠든가, 아니면 아예 확실히 긍정적인 특성을 띠든가 하는 경향이 있다. 사실, 하나의 현상이 이처럼 아예 딴판으로 묘사될 수도 있다는 것도 희한하지 않은가. 바이런 경의 「차일드 해럴드의 순례」에서 고독은 "우리가 가장 덜 외로운 상태"다.[18] 존 밀턴은 「실낙원」에서 "때로는 고독이 최선의 사교"라고 했다.[19] 하지만 앰브로즈 비어스는 『악마의 사전』에서 '외로운'이라는 형용사를 "좋지 않은 이들과 함께 있음"으로 정의했다.[20] 새뮤얼 버틀러는 우울한 자를 설명하면서 세상에서 가장 나쁜 사교계에 떨어진 자, 즉 자기 자신과 교제하는 자라고 했다.[21] 이 저자들은 비록 동일한 단어를 썼으되 정말로 동일한 것에 대하여 썼다고 볼 수 없다.

영어에서는 외로움(loneliness)과 고독(solitude)이 별개의 단어로 구분되어 있다. 옛날에는 이 두 단어가 자주 호환되어 거의 같은 뜻으로 쓰였다. 그러나 나중에 가서는 좀 더 분명한 차이를 나타내기에 이르렀으니, 외로움은 부정적 감정 상태를 가리키는 경우가 많고 고독은 긍정적 감정 상태를 가리키는 경우가 많다. 그러나 예외도 많다. 듀크 엘링턴의 구슬픈 재즈 스탠더드 「고독」에서 화자는 떠나간 사랑의 추억에 애통해하며 이러다 미쳐버릴지 모른다는 두려움에 사로잡힌다. 심리학과 사회학 분야에서는 외로움이 고독보다 훨씬 더 많은 주목을 받아왔으나, 철학적 문헌들에서는 어느 한쪽이 두드러지지 않는다.

소외는 스스로 깨닫지 못하는 사이에 일어날 수 있으나 외로움은 자기가 모를 수 없다. 외로움의 정의 자체에 타인과의 관계 결핍에서 비롯된 불편함이나 괴로움이 포함되어 있기 때문이다. 갈망(longing)은 외로움의 필수 요소다. 갈망은 내가 마음 쓰는 어떤 이와 나 사이의 물리적·신체적 거리를 뛰어넘고 싶은 바람을 뜻한다. 갈망은 타자의 현존에 대한 욕망이다. 집을 떠난 가족이나 친구, 이사를 간 자녀, 이제는 세상에 없는 부모, 헤어진 연인이 내 곁에 있었으면 싶은 마음 말이다. 갈망은 이미 곁에 있는 누군가와 좀 더 가까워지고픈 바람일 수도 있다. 가령, 결혼을 했지만 관계가 소원해진 부부라면 그럴 수 있다. 갈망은 막연하게, 어떤 사람이어야 한다는 뚜렷한 생각도 없이 누군가와 가까워지고 싶은 욕망의 형태로 나타날 수도 있다. 그 자체가 괴로움 그러한 갈망—그 자체가 괴로움인—이 없는 사람은 혼자 있어도 외롭지는 않다. 사실, '사회적 무쾌감증' 진단을 받고도 남을 만한 사람들도 더러 있다. 일반적으로 이런 사람들은 사회적 접촉을 원치 않는다는 점에서 사회 불안이 있는 사람들과 다르다. 사회 불안이 있는 사람들은 사회적 접촉을 바라면서도 두려워하는 등, 사회적 영역에서 훨씬 더 양면적인 감정을 느낀다. 사회적 쾌감을 느끼지 못하는 사람이라면 당연히 사회적 접촉 욕구를 덜 느낄 것이요, 갈망이 없기에 외로움을 느낄 일도 훨씬 적을 것이다.

앞에서 언급했듯이 외로움은 타인과의 연결 욕구가 충족되지 않았다는 사실에 대한 정서적 반응이다. 외로움이 감정이라는 것을 꼭 기억해두자. 외로움을 여타의 현상들, 예를 들어 혼자 있음(aloneness)과 혼동하는 경우가 워낙 많기 때문이다. 혼자 있다는 것과 외롭다는 것은 별개의 두 현상이다. 이 두 현상은 논리적으로나 경험적으로나 서로 독립적이다. 외로움을 사회적 위축(social withdrawal)으로 설명할 수도 있다. 인간관계에 대한 욕구가 충족되지 않음을 알려주는 불편한 느낌 말이다. 외로움을 사회적 고통(social pain)으로 볼 수도 있다. 때로는 사회적 고통이 신체적 고통으로 나타나기도 한다. 실제로 두 고통은 동일한 신경 전달 경로를 따른다.[22] 몸이 아프면 통증의 원인을 제거하려 들듯이, 사회적 고통도 고통의 원인, 즉 사회적 활동을 그만두고 싶은 마음을 부추긴다. 우리는 또 외로움과 각별한 상관관계가 있는 성격적 특질들을 확인할 수 있다. 이 성격적 특질들이 타인과 관계를 맺는 능력의 발목을 잡곤 한다. 그래서 외로움은 스스로 강화되는 경향이 있다.

외로움의 철학

외로움은 인간이라면 누구나 직접 경험하는 것이기에 허다한 성찰의 주제가 되어왔다. 하지만 외로움의 원인을 파악하는 등 외로움에 대해 연구하려고 한다면, 그러한 직접 경험이 그렇게까지 신뢰할 만하지 않다. 나의 경험으로 남의 경험을 추론할 수는 없거니와, 자신의 경험조차 충분히 이해하기란 그리 녹록지 않다. 단순히 자기 경험을 보고하는 수준에 그치지 않고 훨씬 더 타당성 있는 뭔가를 말하고 싶다면 당연히 자기 성찰 그 이상으로 나아가야 한다. 이 지점에서 우리는 사회학, 심리학, 신경과학의 풍부한 경험적 자료에 근거해 현장에서 써먹을 수 있는 방대한 연구들을 주목해야 한다.[23] 철학에서 외로움을 제대로 고찰하려면 다른 학문 분과에서 최근에 이룩한 실증적 연구 결과들을 고려해야 한다. 이 연구 결과들은 외로움에 대한 기존의 선입견을 중요한 여러 면에서 바로잡아줄 것이다. 결과적으로 이 책의 특징은 철학 저작에 흔히 결부되는 개념 분석 못지않게 실증적 연구 결과들을 다양하고 풍부하게 끌어다 쓴다는 것이 되겠다.

이 때문에 혹자는 왜 이 책의 제목이 '외로움의 철학'인지 의아해할 것이다. 이게 왜 철학책일까? 이 책을 쓴 사람이 철학자이고 이 책에서 다른 철학자들의 저작을 무더기로 끌어들이기 때문이라는 것이 가장 확실한 대답이 될지도 모르겠다. 그렇지만 철학인 것과 철학이 아닌 것의 구분은 그리 명백하지 않다. 지난 10~15년 동안 상당수의 철학 분과에서 실증 학문의 통찰을 포섭한 방식은 놀랍기 그지없다. 21세기의 철학이 대체로 논리 및 개념 분석으로 자기 영역을 한정하려고 한다는 점을 고려한다면 더욱더 놀랍다. 하지만 철학사를 들여다보면 철학에서 실증 학문을 포섭하는 경향은 예외가 아니라 오히려 규칙에 더 가깝다. 사실, 철학과 과학의 구분도 한참 나중에야 이루어지지 않았는가. 철학이 실증 학문으로 다시 눈을 돌리는 풍조는 철학의 급진적 일탈이라기보다 오히려 전통적 방식으로의 회귀로 볼 수 있다.

이 책은 8개의 장으로 구성되었다. 제1장에서는 철학보다는 심리학과 사회과학에서 끌어온 자료를 바탕으로 외로움을 고찰하되, 몇몇 개념들을 명확히 하고──예를 들어, 혼자 있음(aloneness)과 외로움(loneliness)이 어떻게 다른지──외로움의 다양한 유형들을 개괄할 것이다. 우리가 발견한 바에 따르면, 혼자 있음과 외로움의 궁극적 차이는 정서적 요소에 있다. 제2장에서는 그 점을 통찰하기 위해 감정들의 성격을 간략히 논의하고 감정으로서의 외로움을 강조할 것이다. 제3장에서는 외로운 사람을 좀 더 밀착해서 살펴보고 외로움이라는 경험을 촉진하는 듯한 여러 요인들도 함께 볼 것이다. 이러한 맥락에서 신뢰의 결여는 개인의 외로움을 설명하거나 다양한 국가들에서의 외로움 출현율을 설명할 때 가장 중요한 요인으로 보인다. 그래서 신뢰가 제4장의 주제다. 더 나아가, 외로움은 사랑과 우정의 반대인가? 제5장에서는 외로움을 더 잘 이해하기 위해 인생에서 사랑과 우정이 담당하는 역할을 다루어볼 것이다. 외로움은 그 나름대로 사랑과 우정이 의미 있는 삶과 행복에 왜 그토록 중요한지 밝혀줄 수 있다. 그러나 외로움을 다룬 문학 중 상당수는 현대의 개인주의를 외로움의 주요 원인으로 지목한다. 그래서 당연한 수순으로 제6장에서는 현대의 개인을 자세히 살펴볼 것이다. 인간이란 어떤 동물인지, 과연 인간이 특히 외로움을 잘 느끼는 동물인지를 고찰해볼 것이다. 사실, 우리가 지금 직면한 문제는 급부상하는 외로움이 아니라 너무 희박해진 고독일 것이다. 마지막으로, 외로움을 감당하는 각 사람의 책임을 논하면서 이 책을 마무리할 것이다.

제 1 장

외로움의 본질

The Essence of Loneliness

외로움은 드물고 이상한 현상, 나와 혼자 지내는 몇몇 사람에게만 유별난 현상이 아니라 인생의 피할 수 없는 핵심 사태라는 생각은 내 인생의 신념 그 자체다. 별의별 사람들의 시간, 행위, 말—지극히 위대한 시인들의 비탄과 희열뿐만 아니라, 거리에서 지나치는 사람 떼가 학대, 증오와 멸시, 불신, 경멸의 허다한 못된 말들로 언제나 우리 귀에 거슬리게 입증하는 평균적인 사람의 먹먹한 불행까지도 — 을 살펴보건대 나는 모두가 같은 이유로 고통받는다고 생각한다. 그들의 불만의 궁극 원인은 외로움이다.

토머스 울프, 『머나먼 산들』

외로움은 여러 가지로 정의되지만 그 정의들에는 고통스럽거나 슬픈 느낌, 자신이 고립되었거나 혼자라는 지각, 자신이 타인들과 가깝지 못하다는 지각 등 몇 가지 공통점이 있다. 대부분의 정의는 이 기본 특징들을 조금씩 변형한 데 지나지 않는다. 그렇지만 외로움의 정의들은 이 감정이 내적 원인에서 비롯되었는지 외적 원인에서 비롯되었는지, 개인의 기질이 문제인지 생활 조건이 문제인지, 전혀 알려주지 않는다. 그렇다고 해서 노르웨이 공공보건연구소에서 그랬던 것처럼 외로움을 사회적 지지의 실패나 그 비슷한 것으로 정의할 수는 없다.[1] 다들 알다시피, 사회적 지지를 충분히 누리는데도 고질적인 외로움에 시달리는 사람들이 있다. 다른 한편으로는, 열악한 사회적 지지 속에서도 외로움에 발목 잡히지 않는 사람들이 얼마든지 있다. 사회적 지지와 외로움은 통계적으로 모종의 관계가 있으나 필연적으로 연결되지는 않는다. 따라서 외로움은 사회적 지지의 결여 같은 객관적 결정 요인보다는 주관적 경험을 바탕으로 정의해야 한다.

'외로운'과 '홀로 있는'

영어에서 '외로운(lonely)'이라는 단어가 글로 쓰인 가장 오래된 용례는 셰익스피어의 「코리올라누스」에서 볼 수 있는데, 여기서 '외로운'은 완전히 홀로된 상태를 가리킨다. 이 사실에서 외로움(loneliness)이 홀로 있음(aloneness)의 동의어처럼 쓰였으리라 추정할 수도 있겠다. 실제로도, 외로운 사람은 혼자인 경우가 많고 혼자인 사람이 더 외로울 거라는 생각이 흔하게 퍼져 있는 듯하다. 그러나 앞으로 보겠지만 외로움은 혼자 있음과 논리적으로 또한 경험적으로 별개다. 중요한 것은 개인이 얼마만큼 다른 이들에게―경우에 따라서는 동물들에게―둘러싸여 있느냐가 아니라 개인이 타인들과의 관계를 어떻게 느끼느냐다.

세계를 경험할 때에는 모두가 혼자라고 할 수 있다. 주위에 수백 명이 앉아 있어도 강의에 귀를 기울이는 동안은 어떤 의미에서 홀로 그 말을 듣는 것이다. 수천 명이 운집한 대형 콘서트에서도 음악은 홀로 접한다. 음악에 대한 자기만의 경험이 핵심이기 때문이다. 물론, 우리는 그 경험을 타인들과 공유하지만―다른 사람들의 반응을 처리하고, 우리 반응을 언어로 소통하고, 강의나 콘서트 경험을 몸짓으로 표현하는 등―경험에는 항상 타인과 온전히 공유할 수 없는 개인적 요소가 포함되어 있게 마련이다. 고통도 타인과 나눌 수 없는 것이다. 고통이 어느 지경까지 가면 고통을 겪는 이의 세계와 언어를 파괴한다. 고통은 말을 박살 낸다.[2] 어느 정도 아프면 무엇 때문에 아프다는 말을 할 수 있지만 고통이 너무 압도적일 때에는 그렇게 말하는 능력조차 잃게 된다. 극도의 고통은 타인과 나눌 수 없다. 고통이 세상의 전부가 되었기 때문에 그 무엇도 들어올 여지가 없기 때문이다. 물론, 우리는 타인의 고통을 상상하는 것 이상으로 나아갈 수 있다. 타인의 고통을 깨달을 때에는 우리도 아프기 때문에 어느 정도는 그 고통을 느낀다고 해도 좋겠다. 그럼에도 불구하고 타인이 느끼는 고통과 그 고통에 대한 우리의 반응 사이에는 엄청난 간극이 있다. 그러한 경험은 자신과 모든 타인들 사이의 넘을 수 없는 심연을 보여준다.

어떤 의미에서 우리는 모두 혼자다. T. S. 엘리엇의 「칵테일파티」(1949)에서 실리아는 애인인 에드워드가 아내에게 돌아가겠다고 결정하자 비로소 깨닫는다. 그녀는 이 파국으로 단지 그때 그 순간 혼자가 된 게 아니라 자신이 늘 혼자였고 앞으로도 늘 혼자일 것임을 안다. 하지만 이 깨달음은 그녀와 에드워드의 관계를 넘어서 인간 일반과 관련된 것이다. 사람은 늘 혼자다. 그들은 서로 소통하고 이해한다고 믿지만 실은 소리를 내고 흉내를 내고 있을 뿐, 다 착각이다.[3] 실리아는 '혼자 있음'이라는 단어를 썼지만 그녀가 기술한 것은 타인들과 연결되지 못한 고통스러운 느낌, 즉 외로움이다. 어떤 의미에서 우리는 홀로 태어나고, 살고, 죽기에 실리아의 생각은 옳다. 우리 모두에게는 자기 자신과 연결되고 자기 자신과 남들의 분리를 의식하는 자아가 있다.

사실, 형이상학적 외로움을 경험할 수도 있다. 원래 세상이 각자 제멋대로 살 수밖에 없는 곳이라서 자신은 타인들과 유리되어 영원히 외로울 수밖에 없다고 믿는 것이다.[4] 이와 관련된 변형이 인식론적 외로움, 즉 타인과 소통하거나 타인을 이해한다는 것은 불가능하며 당연히 자신도 타인에게 이해받을 수 없다는 확신이다. 버트런드 러셀은 자서전에서 이러한 형태의 외로움에 대해서 썼다.

인생이 과연 무엇인지 실감한 자라면 누구나 각기 외따로 떨어져 있는 영혼의 묘한 외로움을 때때로 느낄 것이다. 그러고 나서 타인들에게서 똑같은 외로움을 발견하면 다시 묘한 유대감이 생기고, 잃어버린 것을 거의 다 보상받을 만한 따뜻한 연민이 솟아오른다.[5]

다분히 역설적이지만, 러셀은 누구나 외로운 피조물이라는 통찰에서 외로움을 거의 극복할 수도 있는 사람들 사이의 연결을 보았던 것이다. 이러한 경험과 사유는 단순히 홀로 있음과는 상당히 다른 어떤 것을 다룬다.

'혼자인(alone)'은 기본적으로 수(數)와 관련된 물리적 성격을 나타내는 단어로, 어느 한 사람 주위에 다른 이들이 없다는 사태 외에는 지시하는 바가 없다. 이 단어는 그 사태의 좋음이나 나쁨을 평가하지 않는다. 맥락에 따라 '혼자인'에 가치가 확실히 개입될 수도 있다. 예를 들어 실의에 빠진 말투 혹은 낙관적인 어조로 감정 상태를 드러내면서 "난 완전히 혼자야."라고 선언하는 경우가 그렇다. 반면에 '외로운(lonely)'에는 늘 가치가 개입된다. '외로운'은 대부분 부정적인 상태 표현에 쓰인다. 반면에 우리는 '혼자 지내는 즐거움'을 말할 수 있다. 다시 말해, '혼자인'에는 필수적으로 포함되지는 않는 정서적 차원이 '외로운'에는 포함되어 있다.

혼자인 상태에서 타인들과의 관계가 어떠한가에 따라 혼자 있음(aloneness, 독거)의 다양한 형태들을 구분할 수 있다. 예를 들어, 사람들을 멀리하고 자연에 귀의하는 독거가 있을 수 있다. 그리고 사생활의 권리를 인정하는, 제도화된 형태의 독거도 있다. 사생활도 결국은 사회 공동체가 문제없이 유지되기 위한 제도다. 비록 개인이 사회 공동체에서 물러나는 것이 허용되기는 하지만 말이다. 마지막으로, 사회적으로 고립된 탓에 어쩔 수 없이 혼자인 사람도 있다. 이 독거에서는 사회적 관계에 대한 욕망이 충족되지 못한 채 남는다.

일반적으로, 거의 모든 시간을 혼자 보내는데도 외로움을 모르는 사람들이 있는가 하면, 거의 항상 가족과 친구들에 둘러싸여 있는데도 유별나게 외로워하는 사람들이 있다. 보통 사람은 근무 시간의 80%를 다른 사람들과 함께 보낸다고 한다.[6] 외로운 사람도 다를 바 없다. 여러 설문 조사에서 '자주' 혹은 '매우 자주' 외로움을 느낀다고 답변한 집단을 조사해보니 외롭지 않다고 답변한 집단에 비해 혼자 보내는 시간이 더 많은 것도 아니었다.[7] 실세로 어떤 연구자는 외로움의 경험을 다룬 400편 이상의 에세이를 검토하고서 신체적 고립 수준과 외로움을 느끼는 수준은 전혀 상관이 없다고 했다.[8] 이렇듯 주위에 사람이 얼마나 많은가는 외로움이라는 감정과 상관관계가 없다. 오히려 주위에 사람이 많은데도 극심한 외로움을 느끼는 경우가 있다. 혼자 있는 것과 외로운 것은 논리적으로나 경험적으로나 완전히 별개다.

크리스마스나 부활절 연휴 즈음이면 으레 외로움 문제를 다룬 뉴스 보도가 나온다. 이러한 보도에서는 주로 혼자 살면서 외로워하는 사람들을 취재한다. 따라서 시청자는 그 사람들이 혼자 살기 때문에 외로운 거라고 생각하게 될 소지가 다분하다. 물론, 나이 많은 사람이 배우자와 사별한 경우라면 분명히 독거 생활이 외로움의 원인일 수 있다. 그렇다고는 해도, 혼자 사는 외로운 사람이 혼자 살기 때문에 외로운 거라고 속단하면 안 된다. 정반대의 경우도 얼마든지 있을 수 있다. 앞으로 살펴보겠지만 외로운 사람은 성격 특성상 타인들과 관계를 맺는 능력을 잘 발휘하지 못하는 경우가 많다. 이런 유의 외로움은 주위 사람들의 수로 예측되는 것이 아니라 개인의 사회적 상호 작용이 그의 연결 욕구를 충족하느냐 그렇지 못하느냐로 예측된다. 다시 말해, 개인이 사회적 상호 작용을 의미 있는 것으로 해석하느냐가 관건이다.[9] 외로움은 주관적 현상이다. 인간관계가 희박하거나, 아니면 맺고 있는 인간관계가 친밀감의 욕구를 충분히 채워주지 못해서 인간관계가 만족스럽지 못할 때 외로움을 경험하게 된다.

사회적 고립과 외로움 사이에 행여 있을 수도 있는 관계를 설명하기 위해 이른바 외로움의 인지 불일치 모델(cognitive discrepancy model)이 개발되었다.[10] 이 이론대로라면 개인은 내적 기준이나 기대를 세우고 자신의 인간관계를 여기에 비추어 평가한다. 인간관계가 기준에 부합한다면 그는 만족할 것이요, 외로움을 느끼지 않을 것이다. 반대로 인간관계가 기준에 미치지 못하면 외로움을 경험할 것이다. 그동안 여러 연구에서 자못 놀라운 결과를 보여주었다. 실제 친구 수가 자신이 이상적이라고 생각하는 친구 수보다 더 많으면 외로움은 가중된다는 것이다.[11]

소셜 네트워크에서는 절친 네 명이 외로움을 가장 굳건하게 막아준다. 이 네 명 외 나머지 사람들은 그저 미미한 도움을 보낼 뿐이다.[12] 또한, 끈끈한 관계와 느슨한 관계가 공존하게끔 다양하게 사람을 사귀되 가족과 친구들 양쪽 모두와 잘 지내는 사람일수록 외로움을 덜 느낄 것이다. 설문 조사에 답변한 사람들 대부분은 가까운 친구 몇 명이 그렇게까지는 친하지 않은 다수보다 좋다고 단언했다.[13] 소셜 네트워크는 양보다 질이 중요하지만, 다른 조건들이 모두 동일하다면 소셜 네트워크가 양적으로 활발한 사람이 그렇지 않은 사람보다 외로움을 덜 탄다.

외로움에 대한 사회 인지 이론 중에는 사회적 위협에 민감할수록 외로워한다는 주장이 있다.[14] 달리 말하자면, 외로운 사람들은 타인과의 연결이 희박해질까 봐 두려워하고 그러한 결핍을 인간관계의 실패로 본다. 그들은 이로써 더욱더 타인과 연결되지 못하고 외로움을 키우고 만다. 사회적으로 거부당한 사람은 또 다른 거부들에 대해서도 민감해진다. 그래서 사회적 상황에서 자연스럽게 처신하기보다는 노심초사하게 되고, 또다시 거부당할 위험이 다분한 행동을 하기 쉽다. 우리는 제3장에서 이러한 사회 인지 이론을 뒷받침하는 경험적 증거를 살펴볼 것이다.

외로움과 삶의 의미

고질적 외로움과 실험에서 유도된 사회적 고립이 둘 다 삶의 의미를 잘 느끼지 못하는 수준과 관련이 있다는 것은 기정사실이다.[15] 물론, 삶의 의미는 다양한 접근으로 연구될 수 있다. 그러나 어떻게 접근을 하든, 타인들과의 관계가 결정적 역할을 한다는 점은 공통적이다.[16] 그러한 관계가 없으면 삶은 붕괴할 것처럼 보인다. 윌리엄 제임스가 정확하게 관찰한 대로다.

사회에 방치되어 그 사회의 모든 구성원들에게 없는 거나 다름 없는 존재가 되는 것보다 더 교묘한 처벌은, 물리적으로는 그런 게 가능할지 몰라도, 결코 나올 수 없었다. 우리가 들어가도 아무도 시선을 주지 않고, 말을 해도 아무도 대꾸하지 않고, 무슨 짓을 하든 아무도 신경 쓰지 않는다면, 만나는 사람마다 우리를 '못 본 체하고' 마치 우리가 존재하지도 않는 것처럼 행동한다면 머지않아 일종의 분노와 무기력한 절망이 우리 안에 똬리를 틀 것이요, 차라리 잔혹한 신체적 고문이 낫겠다 싶을 것이다. 고문은 아무리 혹독할지언정 우리가 관심을 받을 가치도 없는 처지까지 떨어지지는 않았다고 느끼게 할 것이다.[17]

내 삶이, 나의 존재 혹은 비존재가, 다른 모든 사람과 하등 상관이 없는 것 같은 세상에서 산다면 얼마나 견디기 힘들까. 도스토옙스키의 지하생활자는 다음과 같이 썼다. "그때 나는 겨우 스물네 살이었다. 내 삶은 벌써 그 무렵부터 음울하고 방탕하며 미개인의 삶만큼 고독했다. 나는 아무하고도 친구가 되지 않았고 나의 소굴로 점점 더 깊이 파고들어갔다."[18] 그는 동료들이 자신을 혐오스럽게 여기는 것을 느끼고 자신도 그들을 두려움과 멸시 어린 눈으로 바라본다. 하지만 그는 자신이 거리를 만들어놓고서도 여전히 관심에 목말라하고 그저 시선을 받고 싶어서 싸움을 도발한다.

키르케고르가 말한 대로, 자아는 자기 자신과 연결되는 관계다.[19] 그러나 자아는 타아와도 연결된다. 타아는 타인들이 저마다 그 자신과 연결되는 관계다. 우리는 남들이 우리에 대해서 어떻게 생각하고 느끼는지 살필 수 있고 그들의 평가를 의미 있게 받아들일 수 있다. 따라서 우리가 타인의 관심을 누릴 자격이 없다면 우리가 자아와 맺는 관계, 우리의 자기 정체성에 그 충격이 간다. 인간이 기본적으로 사회적 존재라는 사실에는 이론의 여지가 없다. 주관적 웰빙에는 인생 파트너와 친구가 부나 명성보다 훨씬 더 영향력이 크다고 주장하는 연구들도 있다. 차차 보겠지만 그렇기 때문에 사회적 고립은 정신 건강과 신체 건강 모두에 극도로 부정적 영향을 끼친다. 예로부터 사회적 추방은 인간이 가장 감당하기 힘든 처벌 중 하나로 여겼다. 고대에 추방형은 사형 못지않은 엄벌이었다. 오늘날 교도소에서도 독방 감금은 매우 강도 높은 처벌에 해당한다.

애덤 스미스는 우리가 수치심을 느끼고 어떻게든 타자의 판단하는 시선을 피하고 싶을 때조차도 '고독 공포' 때문에 사람을 찾아 나서게 되는 양상을 기술했다.[20] 그는 고독하게 성장한 사람은 자기를 아는 법을 배우지 못할 거라고 강조했다.[21] 그런 사람은 자기 자신을 잘못 판단할 것이요, 자기가 했던 선행과 자기가 입었던 손실 양쪽 모두를 과대평가할 것이다.[22] 우리를 봐주는 타자의 눈은 꼭 필요하다. 영국 계몽주의 철학에서는 외로움의 어둡고 파괴적인 면을 끈질기게도 강조한다. 3대 섀프츠베리 백작 앤서니 애슐리 쿠퍼는 인간이 그 어떤 동물보다도 외로움에 취약하다고 했다.[23] 에드먼드 버크는 완전한 고독을 상상할 수 있는 최악의 고통으로 보았다.[24] 평생을 고독하게 사는 삶은 인생의 목적 그 자체에 정면으로 위배되기 때문이다. 존 로크는 외로움이 자연에 어긋난 인간의 상태라는 견해를 분명히 했다.[25] 신이 인간을 자신의 동족들과 어울려 살 수밖에 없게끔 창조했기 때문이다.[26] 외로움은 다른 한편으로 감정에 휘둘리기 쉬운 위험한 상태로 묘사되기도 한다. 데이비드 흄도 비슷한 견해를 피력했다.

아마 완전한 고독은 우리가 겪을 수 있는 가장 큰 형벌일 것이다. 무리와 따로 떨어져 있을 때는 모든 쾌락이 시들해지고, 모든 고통이 한층 더 가혹하고 견디기 힘들어진다. 자부심, 야망, 탐욕, 호기심, 복수심, 욕정, 그 어떤 정념이든 고독에 자극을 받으면 더욱 강렬해진다. 영혼 혹은 이 모든 정념을 고무시키는 원리는 공감(sympathy)이다. 만약 우리가 타인의 사유와 감정을 완전히 도외시할 수 있다면 그런 것들은 아무런 힘도 갖지 못할 것이다. 자연의 모든 힘과 요소가 합력하여 한 인간을 섬기고 따르게 하자.──그의 명령에 따라 해가 뜨고 지게 하자. 그가 원하는 대로 강과 바다가 흐르고, 그에게 유용하고 합당한 것이라면 무엇이든 땅이 자발적으로 내놓게 하자. 그래도 그는 적어도 한 사람을 얻을 때까지는 여전히 비참할 것이다. 그는 그 사람과 더불어 행복을 나누고 그 사람의 존중과 우정을 즐거이 누릴 것이다.[27]

이렇게 흄은 종교사상가들이 찬양했던 고독을 독신(獨身), 금식 등과 다름없는 전혀 자연스럽지 않은 것으로 보았다.[28]

외로움을 진화적으로 설명하는 이들은 인간이 타인들과 더불어 사는 집단생활을 개발했다는 사실을 강조한다.[29] 확실히 집단생활에는 진화적 이유가 있다. 집단으로 모여 살면 맹수의 공격을 막기도 좋고 물자를 나눠 가질 수도 있다. 그렇지만 집단생활을 하지 않는 편이 더 나을 것 같은 진화적 이유도 있다. 혼자 살면 포식자 눈에 띄지 않게 숨기도 쉽고, 물자를 나누지 않아도 되고, 집단의 위계에서 자리를 차지하기 위해 싸울 필요도 없다.[30] 또한 어떤 종들은 다른 종들에 비해 유독 집단에 매여 있는 것을 볼 수 있다. 예를 들어, 침팬지는 오랑우탄보다 더 집단생활에 충실하다. 생물학적 시각에서 인간이 공동체를 추구하는 것은 '자연스럽다'고 늘 말할 수 있지만, 고독에 대한 갈구가 '부

자연스럽거나' 혼자서 많은 시간을 보내는 것이 당사자에게 꼭 부정적이지는 않다. 개인이 그러한 조건과 어떤 관계를 맺느냐가 결과를 좌우한다.

우리는 대부분 제한된 수의 사람들과 관계를 맺는데, 이 관계들이야말로 삶의 의미에서 대다수를 차지한다. 실제로 가장 가깝고도 각별한 이를 잃었을 때에는 우리 삶의 의미가 죄다 사라지는 것만 같다. 소중한 사람들과 내 삶의 의미가 얼마나 깊이 결부되어 있는가는 안타깝게도 그들을 잃고 난 후에야 비로소 분명해질 때가 많다. 존 볼비가 쓴 대로다.

다른 사람과의 친밀한 애착은 인생의 중추가 된다. 영유아기나 학교 다니는 시기뿐만 아니라 청소년기와 성년기까지, 그리고 나이가 더 들어서도 인생은 이 애착을 중심으로 돌아간다. 사람은 이 친밀한 애착들에서 힘과 삶의 즐거움을 끌어낸다.[31]

볼비는 지나치게 딱 부러지게 말한 감이 있다. 어떤 이들의 삶은 타자들에 대한 애착 아닌 다른 것을 중심으로 돌아가기도 한다. 예를 들어, 어떤 연구자는 자기 시간과 관심을 거의 다 연구대상에 쏟는다. 연주자라면 사람과의 관계보다 자기 악기와의 관계가 더 각별할 수도 있다. 하지만 대부분에게는 볼비의 설명이 잘 들어맞는다. 그래서 그 같은 애착 관계를 만들거나 유지하는 데 실패하면 그렇게나 고통스러운 것이다.

외로움의 형태

일단 고질적 외로움, 상황적 외로움, 일시적 외로움을 구분할 수 있다.[32] 명칭만 봐도 알 수 있듯이 고질적 외로움은 당사자가 타인들과의 유대가 충분치 않다는 사실을 늘 고통스럽게 여기는 경우다. 상황적 외로움은 가까운 친구나 가족과의 사별, 연인과의 이별, 자녀의 독립 등 인생의 변화에서 비롯된다. 이러한 유형의 외로움은 롤랑 바르트의 『애도 일기』에서 잠시 살펴볼 수 있다. 바르트는 거의 평생을 함께 살았던 모친을 여읜 후 쓰기 시작한 이 일기에서 다음과 같이 고백한다.

춥다, 밤이다, 겨울이다. 나는 집 안에서 충분히 따뜻하지만 혼자다. 그리고 이런 밤에 나는 다시 깨닫는다. 이제 나는 이런 외로운 밤을 아주 당연한 일로 받아들이는 데 익숙해져야 한다는 것을. 이 고독 속에서 행동하고 일하기. 그러니까 '부재의 현전'과 달라붙어 늘 함께 살아가는 일에 익숙해져야 한다는 것을.[33]

일시적 외로움은 언제라도——시끌벅적한 파티에 있든, 집에 혼자 있든——엄습할 수 있다. 그리고 상황적 외로움은 인생의 격변에서 비롯된 것으로 그 자체가 상실의 경험이기 때문에 고질적 외로움보다 더 아프고 힘들 수가 있다. 하지만 상황적 외로움은 이혼이나 사별 같은 특정 사건과 결부된 것이기 때문에 고질적 외로움과는 달리 새로운 애착 관계를 맺으면 극복이 가능하다. 그렇지만 상실 경험이 새로운 관계 맺기를 사실상 불가능하게 할 정도로 치명적인 경우도 있다. 문학에서 일례를 찾아보자면, 무라카미 하루키의 소설 속 주인공 다자키 쓰쿠루는 어느 날 갑자기 가장 가까운—그에게는 유일한—네 친구에게 다시는 그를 보고 싶지 않고 같이 말도 섞기 싫다는 통보를 받는다. 이 경험이 그의 이후의 삶과 모든 인간관계—자신과의 관계, 타인과의 관계 모두—를 결정짓는다. 그는 결국 두 번 다시 애착 관계를 맺지 못한다.[34]

알다시피 상황적 외로움은 외부 원인에서 비롯된다. 반대로 고질적 외로움은 외부의 변화에 별 영향을 받지 않는다는 점에서 자아에 뿌리를 내리고 있는 듯 보인다. 그러므로 외롭다는 감정의 주요 원인이 주체에 있는지 환경에 있는지를 따져서 내인(內因)적 외로움과 외인(外因)적 외로움을 구분할 수 있다. 물론, 외롭다는 감정이 얼마만큼 내인적이거나 외인적인지 판단하기란 쉽지 않을 것이다. 외로움은 주체가 충족되지 못한 애착 욕구를 경험하는 관계 현상이기 때문이다. 그래도 이 구분은 웬만큼 수긍할 만하다. 환경에 상관없이, 아니 오히려 애정 넘치는 가족과 굳건한 사회적 네트워크가 있는데도 외로움에 내쳐 몸부림치는 사람이라면 내인성 외로움으로 봐야 할 것이다. 반면, 전에는 외로움이 문제가 되지 않았는데 사회적 배제, 이를테면 따돌림을 경험하고 나서 이 감정에 시달리는 사람이라면 외인성 외로움으로 보아야 할 것이다. 그렇지만 대부분의 경우, 내부 요인과 외부 요인을 모두 감안하는 것이 사리에 맞는다. 내적 변수 혹은 외적 변수, 성격론적 변수 혹은 상황적 변수가 얼마나 예측력을 지니는지 알아보려 한다면 결국 둘 다 외로움을 설명하는 데 필요하다는 결론이 날 것이다.[35]

사회학자 로버트 S. 바이스는 사회적 외로움과 정서적 외로움을 구별했다.[36] 사회적 외로움은 사회에 통합되지 못한 상태이므로 사회적으로 외로운 자는 공동체의 일원이 되기를 간절히 원한다. 반면, 정서적으로 외로운 자는 특정인과 가까워지지 못한 자다. 바이스는 이 두 형태의 외로움이 질적으로 다르고 완연히 구별된다고 보았다. 둘 중 한 형태의 외로움에만 시달리고 다른 형태의 외로움은 모를 수가 있다. 또한 둘 중 한 형태의 외로움은 해소되었지만 다른 형태의 외로움이 여전히 남아 있는 사람도 있다. 공동체에서 자리를 잡았지만 정서적으로는 여전히 외로울 수 있다. 반대로, 누군가와 친밀한 애착 관계를 맺었지만 사회적 외로움에 시달릴 수가 있다.[37] 파트너나 배우자가 한동안 집을 비운다면 정서적 외로움을 실감할 것이다. 생활을 같이하는 인간관계가 그리워지는데 전화나 이메일은 대체물이 되기에 어림없다. 이럴 때 친구들과 영화나 콘서트를 보러 가면 사회적 요구도 만족시키고 사랑하는 이의 부재를 잠시 잊을 수도 있으니 일석이조다. 하지만 친구들이 내게 의미 있는 타인을 대신할 수는 없다. "떨어져 있으면 정이 깊어진다(Absence makes the heart grow fonder)."라는 말도 있지 않은가. 떨어져 있어봐야 내가 좋아하는 사람에게 얻는 기쁨이 더 크게 다가온다. 한편으로는, 찰리 브라운의 말마따나 "떨어져 있으면 정이 깊어지지만 남은 사람은 확실히 외로워진다."

우리는 외로울 때 타인을 떠올리면서 그 사람이 실제로 곁에 있을 때는 차마 하지 못할 말이나 행동을 속으로 해본다. 외로움이 만들어내는 공간 속에서 우리는 타인들과의 관계를 돌아보고 우리가 그들을 얼마나 필요로 하는지 새삼 깨닫는다. 현대에 접어들어 결혼이나 동거 파트너와의 관계가 다른 사회관계들을 대체하는 방향으로 발전했다. 그 덕분에 정서적 연결 욕구는 많이 채워졌지만 사회적 외로움은 얼마든지 불거질 수 있다. 마찬가지 맥락에서, 아이들은 또래 친구들과 부모(양육자) 양쪽 모두를 필요로 한다. 둘 중 하나라도 없는 아이는 상당한 결핍감에 시달릴 것이다. 아이가 학교에서 사회적으로 고립된다면 부모가 그 상황을 타개할 수 있지만 부모는 결코 또래 친구들을 대신하지 못한다. 반대로, 정서적으로는 없는 거나 다름없는 부모를 좋은 학교 친구들이 대신하지 못한다.[38] 좀 더 나아가보자면, 지배적인 외로움의 형태가 연령에 따라 달라지는 듯하다. 젊은 사람들은 사회적 외로움을, 나이 든 사람들은 정서적 외로움을 좀 더 고민한다.[39] 그렇지만 정서적 외로움과 사회적 외로움은 으레 함께 발생한다는 점을 짚고 넘어가야겠다.

외로움과 건강

대중 매체에서 외로움은 곧잘 공적 질병 혹은 공공 보건의 문제처럼 제시되곤 한다. 하지만 외로움은 병이 아니라 일반적인 인간 현상이다. 먹지 못해 허기를 느끼는 것이 병이 아니듯, 외로움이라는 사회적 허기를 느끼는 것도 병은 아니다. 그러나 외로움이 정신과 신체가 장애를 일으킬 위험을 극적으로 높일 수는 있다. 실제로 외로운 사람들은 그렇지 않은 사람들보다 의료 서비스 이용 비율이 높다.[40] 외로움과 건강의 관계를 살펴본 148개 연구를 검토한 메타 연구에서는 외로움이 강력한 사망 예측 변수가 된다는 것을 보여주었다. 방법론적 이유에서 자살 관련 사망을 제외했는데도 말이다.[41] 외로움이 사망에 미치는 영향은 매일 10~15개비의 흡연이 미치는 영향과 비슷하고, 비만이나 신체 활동 부족이 미치는 영향보다 더 치명적이다. 외로움은 혈압과 면역 체계에도 영향을 미치고 신체 내 스트레스 호르몬 분비를 촉진한다.[42] 어디 그뿐인가, 인지증 발병 위험도 높이고 전반적으로 인지 기능을 장기간에 걸쳐 약화시킨다. 또한 외로움은 노화 과정을 가속화하는 것으로 보인다.[43] 외로운 사람들도 수면 시간은 보통 사람들과 비슷하지만 수면의 질이 낮고 밤에 자주 깬다.[44] 앞에서 언급했듯이, 열악한 정신·신체 건강과 상관관계가 있는 것은 사회적 지지의 양이 아니라 주관적 감정인 외로움이다.[45] 그래서 건강에 좋지 않은 결과를 예측할 때 주관적 사회 고립(외롭다는 느낌)이 객관적 사회 고립(독거 생활)보다 훨씬 더 정확한 변수가 된다.

외로움은 정신 질환이 아니며, 정신 질환이 되어서도 안 된다. 누군가와 진실로 맺어지지 못하는 고질적이고 고통스러운 경험이 당사자의 모든 인간관계에 영향을 줄 때, 그리하여 어떤 관계도 가깝다고 보지 못할 때, 외로움은 병적 성격을 띨 수 있다. 하지만 수줍음과 사회 불안이 별개이듯이, 그런 유의 외로움조차도 병리학적 현상으로 간주해서는 안 된다. 나는 외로움을 카를 융의 성격 유형론(내향적 성격/외향적 성격)이나 사회 불안 같은 정신의학적 맥락에서 다루지 않을 것이다.[46] 그렇지만 상당한 수준의 외로움은 우울증 기준을 충족할 확률이 높다는 것을 지적해둔다. 다만, 여기서 어느 것이 원인이고 어느 것이 결과인지는 불분명하고 과연 인과 관계가 성립되기는 하는지도 확실치 않다. 확실한 것은, 외로움은 우울증 심화를 예측하는 변수가 될 수 있으나 우울증은 외로움의 예측 변수가 아니라는 것이다.[47] 결국, 외로움과 우울증은 별개의 두 조건이며, 우울함 없이 외로울 수 있고 외로움 없이 우울할 수 있다. 한편, 외로움과 자살 생각 및 행동 사이에 강력한 상관관계가 있다.[48]

외로움은 일상생활 수행 능력에 여파를 미치는 것으로 보인다. 심리학자 로이 바우마이스터와 진 트웬지는 사회적 배제 경험의 영향을 탐구하는 실험들을 다양하게 실시했다.[49] 그중 한 실험에서는 학생들을 조별로 나누고 그 안에서 각 사람과 안면을 트고

친해질 시간을 15분씩 주었다. 그 후 학생들은 각기 흩어져서 자기 조 구성원 중에서 함께 작업하고 싶은 사람 두 명의 이름을 써내야 했다. 그다음에는 학생들을 다시 무작위로 두 집단으로 나누었다. 한 집단에게는 모두가 같이 작업하고 싶어 했던 사람들만 모아서 그 집단을 꾸렸다고 했고, 다른 집단에게는 아무도 같이 일하고 싶어 하지 않았던 사람들만 모인 집단이라고 했다. 또 다른 실험에서 학생들은 성격 검사를 받았다. 한 집단에게는 그들이 평생 가족 및 친구들과 좋은 인간관계를 영위할 수 있을 거라고 말했고, 다른 집단에게는 고독한 운명이 될 확률이 높다고 말했다. 세 번째 집단(통제 집단)에게는 인생이 변화무쌍할 거라고 말했다. 바우마이스터와 트웬지는 그 외에도 비슷한 실험들을 여러 차례 진행했다. 이 실험들의 핵심은, 자신이 사회적으로 배제당했다는 말, 혹은 앞으로 배제당할 거라는 말이 학생들에게 어떤 영향을 미치느냐였다. 그 결과는 다음과 같았다. 1) 자기에게 상처를 준 사람들에게만이 아니라 그 밖의 다른 사람들에게도 공격성을 나타냈다. 2) 자기에게 해가 되는 결정들을 내렸다. 3) 이성적 능력 검사에서 좋은 성과를 내지 못했다. 4) 요구된 과제를 빨리 포기했다. 이로써 바우마이스터와 트웬지는 사회적 배제가 자기 조절 능력을 떨어뜨린다는 결론을 내렸다. 자기 조절 능력은 타자와의 관계에서 핵심 요소임이 분명하다. 타자와의 관계가 약해지면—관계가 약해졌다는 지각만 있을지라도— 우리 자신을 조절하는 능력이나 의지력이 타격을 입는 것으로 보인다. 일터에서 외로움을 느끼는 사람이 그렇지 않은 사람에 비해 업무 성과가 나쁘다는 연구 결과도 있다.[50]

외로움 자체를 병으로 보아서는 안 된다. 결국은 누구나 시시때때로 외로움을 느끼는 만큼, 외로움은 정서적 방어 기제의 자연스러운 한 요소로 볼 수 있을 것이다. 공포가 병이 아닌 것처럼, 외로움 자체는 병이 아니라는 얘기다. 그렇지만 공포가 너무 과하여 사람이 정상적으로 제 기능을 할 수 없는 지경, 다시 말해 병적인 수준까지 치달을 수도 있다. 외로움도 그런 수준까지 가면 정신적·신체적 건강에 막대한 영향을 끼친다.

제 2 장

외로움이라는 감정

Loneliness as Emotion

진짜 외로움 ─ 관습의 언어가 아닌, 벌거벗은 공포 ─ 이 어떤 것인지 누가 알랴? 외로움은 외로운 사람들 앞에서까지도 가면을 쓴다. 가장 비참하게 따돌림당한 자는 몇몇 추억 혹은 착각을 껴안고 산다. 때때로 사건들이 운명적으로 맞물려 베일이 한순간 벗겨지기도 한다. 그래 봐야 단지 한순간이다. 정신적 고독을 시종일관 직시하면서 미치지 않고 버틸 수 있는 인간은 아무도 없으므로.

조지프 콘래드, 「서구인의 눈으로」

외로움에는 정서적 측면과 인지적 측면이 있다. 하지만 정서적 현상에도 인지적인 부분들이 있고 인지적 현상에 정서가 개입할 수도 있기 때문에 이 두 측면이 깔끔하게 나뉘지는 않는다. 무엇을 느끼느냐는 경험을 어떻게 처리하느냐에 달렸고, 경험을 어떻게 처리하느냐는 무엇을 느끼느냐에 달렸다. 외로움 연구라는 영역 안에서도 정서와 인지 중 어느 것을 더 강조하느냐 ─ 타자와 충분히 연결되지 못하고 있다는 결핍감에 비중을 두는가, 아니면 자신이 바라는 연결과 실제 연결 사이에서 인지되는 불일치를 강조하는가—는 아주 천차만별이다. 그럼에도 불구하고 외로움이라는 현상을 제대로 이해하려면 두 측면을 잘 통합해야 한다. 하지만 신체 및 심리 문제들의 증가와 관련된 것은 주로 정서적 요소, 외로움이라는 실제 감정 쪽이다. 외로움이 명실상부한 외로움, 다시 말해 그저 혼자 있다는 사실 이상의 그 무엇이 되는 것도 이 정서적 요소 때문이다.

감정이란 무엇인가?

철학이나 심리학의 견지에서 감정을 다룬 책들에서는 대부분 외로움에 따로 한 장을 할애하지 않는다. 대개 이 주제는 완전히 배제되든가 지나가는 말로 언급되고 끝이다. 두려움, 화, 사랑은 그런 책들에서 비중 있게 다루어지지만 외로움은 찬밥 신세다. 왜 그럴까? 외로움은 사실 주변적이지도 않은데 말이다. 외로움이 주로 감정보다는 사회 현상으로 간주되기 때문일까? 내가 보기에, 외로움은 타자와의 연결 욕구가 충족되지 않았다는 사실에 대한 정서적 반응이다. 외로움이 외로움—혼자 있음이나 열악한 사회적 지지 그 이상의 어떤 것—인 것은 이 현상의 정서적·감정적 차원 때문이다.

아론 벤제에브는 그의 명저 『미묘한 감정들』에서 일상 언어는 감정으로 볼 수 있는 것과 그렇지 않은 것을 명확히 구분하지 않는다고 지적했다. 예를 들어 두려움, 화, 질투는 당연히 감정으로 여겨지지만 놀라움, 외로움, 심미적 경험은 어느 선까지 감정으로 볼 수 있는지가 불분명하다.[1] 벤제에브 본인은 외로움을 감정으로, 더 자세하게는 "자신이 원하는 사회적 관계의 부재에서 도출된" 특별한 유형의 슬픔이라고 말했다.[2] 그와 동시에, 외로움은 그의 책에서도 그다지 폭넓고 유용한 방식으로 다뤄지는 감정이 아니다.

'느낌(feeling)'과 '감정(emotion)'은 고통, 허기, 갈증처럼 거의 생리학적인 것부터 질투, 시기, 사랑처럼 거의 인지적인 것까지 극도로 광범위하고 다양한 일련의 현상들을 망라한다. 우리는 전자의 감정들은 좀 더 '신체적'이고 후자의 감정들은 좀 더 '인지적'이라고 보는 경향이 있다. 영어에서 느낌은 신체적인 것을 가리킬 때가 많고 감정은 좀 더 정신적인 것을 가리키는 편이다. 그러나 느낌과 감정의 정확한 경계선이 어디인가, 그리고 어느 상태가 이 범주에 속하느냐 저 범주에 속하느냐를 두고 의견이 너무 분분하다. 그래서 나는 그런 구분 없이 주로 '감정'이라는 용어를 쓸 것이다. 외로움은 감정이라는 연속체의 신체적 결과라기보다는 인지적 결과다. 하지만 사회적 고통으로서의 외로움이 신체적 고통과 똑같은 신경 전달 경로를 취한다는 사실은 이미 알려져 있다.[3] 실제로 사회적 고통과 신체적 고통 사이에는 경악할 만한 상호 연관성이 있다.[4] 원래 신체적 고통을 다스리는 약이 사회적 고통을 감소시킬 수 있는지 살펴본 연구들에서는 '그럴 수 있다'라는 답을 내놓았다.[5](물론, 하루 한 알 아스피린을 복용하면 외로움 문제가 해결된다는 뜻은 아니다.)

　감정이라는 범주는 균일하지 않고 대단히 광범위하게 흩어져 있는 현상들을 모두 아우른다. 나 개인적으로는 어떤 것을 감정으로 볼 수 있게 하는 필요충분조건들을 제시하는, 제대로 들어맞는 정의가 있기나 한지 그것조차 의심스럽다. 하지만 감정을 정의하고자 했던 흥미로운 이론들은 많다.[6] 감정 이론들이 공통으로 강조하는 특성은, 감정이 주관적 현상이라는 것이다. 감정에는 으레 양의 값 혹은 음의 값이 있다. 다시 말해, 감정은 긍정적이지 않으면 부정적이고, 중립적이지는 않다. 감정에는 지향 대상이 있다. 누군가에 대한 감정, 어떤 것에 대한 감정이라는 얘기다. 감정의 지속성은 비교적 짧은 경우가 많으며, 그 지속성은 양의 값 혹은 음의 값의 변화로 결정될 것이다. 외로움은 지금까지 말한 감정의 특성들을 모두 지니되, 장기간 지속되고 고질적으로 자리 잡을 수 있다. 한편, 고질적인 고통도 있다. 예를 들어, 허기와 갈증이 매우 오래갈 수도 있다. 질투, 시기, 사랑이 몇 년이 지나도록 식지 않을 수 있다. 이러한 이유에서 짧은 지속성은 감정을 규정하는 중요 기준이 될 수 없으리라 본다. 어떤 감정들은 분명히 금세 지나가지만 그렇지 않은 감정들도 있다.

기본 감정들, 다시 말해 모든 문화권에서 공통적으로 관찰되며, 습득된 것이 아닌 선천적 감정들의 존재 여부도 논쟁거리이다.[7] 그러한 생각 자체는 부당하지 않지만 기본 감정들이 정확히 어떠어떠한 것이고 모두 몇 가지나 되는지에 대해서는 의견이 분분하다. 화, 두려움, 행복, 혐오, 놀라움이 으레 기본 감정으로 꼽히곤 하지만 이 목록에 어떤 감정들이 들어가느냐를 두고는 의견의 차이를 좁히기가 힘들 정도다. 예를 들어, '기본 감정'이 포함된 14개 목록을 조사해보니 14개 모두에 공통으로 올라가 있는 감정은 단 하나도 없었다.[8] 어디 그뿐인가, 감정의 생물학적·심리적·사회적 측면들을 제대로 구별하기란 대단히 어렵다. 모든 감정에는 분명히 생물학적 근거가 있지만 감정의 형태를 빚는 것은 개인의 경험과 사회 규범이다. 그리고 모든 감정은 진화한다. 감정에는 사회적·개인적 역사가 있다. 그러한 감정을 이해하려면 반드시 세 측면(생물학적·심리적·사회적 측면) 모두를 고려해야 한다. 우리에게는 감정이 '자연스럽게', 저절로 나온 것처럼 보이지만 감정 또한 개인적·사회적으로 구성되는 것이다.[9]

　어떤 감정은 우리가 태어날 때부터 있고, 또 어떤 감정은 나이를 먹는 과정에서 계발된다. 그래서 인간이 정확히 언제부터 외로움을 느낄 수 있는지를 말하기도 쉽지가 않다. 아직 학교에 들어가지 않은 어린아이도 자기가 외롭다고 말로 표현할 수 있다. 하지만 이보다 더 어린 아이들, 말 못하는 아이들도 외로움을 느낄 수 있을까? 이건 쉽게 답할 수 있는 문제가 아니다. 어린아이

의 얼굴 표정을 관찰함으로써 부끄러움이나 시기 같은 복잡한
감정을 알아볼 수 있다고 하지만 외로움에 해당하는 표정은 없
다. 혼자 남겨져 바락바락 우는 아기는 어떨까? 그 아기가 외로
움을 느낀다고 볼 만한 여지는 분명히 있지만 두려워서 운다고
볼 수도 있다. 그렇기는 해도 외로움이라는 감정은 매우 이른 시
기부터 나타나는 것으로 보인다.[10] 그렇게 출현한 외로움은 이후
의 삶에 많게든 적게든 함께할 것이다.

감정의 해석

　찰스 테일러가 강조했듯이 해석은 감정의 구성에 한몫을 한
다.[11] '날것의' 감정이란 없다. 하지만 감정 상태가 실제로 어떠한
지가 늘 명확하지만은 않다. 두 사람이 같은 감정을 느끼는 것
처럼 보여도 그들은 각기 다른 단어들을 써서 그 감정을 기술할
것이다. 어떤 사람이 슬퍼한다 치자. 그는 누군가와 연결되지 못
했기 때문에, 혹은 기존의 연결이 느슨해졌다는 느낌을 받았기
때문에 슬프다. 그래도 그는 '외롭다'고 자신의 감정을 기술하지
않을 수도 있다. 어떤 사람이 친구를, 연인을, 더 좋은 사회 공동
체를 원하는데 그 감정을 외로움보다는 갈망으로 표현할 수도
있는 거다. 사랑하는 사람과 사별한 이는―아주 오랜 시간이 흐
른 후에도―으레 자신의 감정을 외로움이 아니라 슬픔이라고

표현한다. 외로움으로 볼 만한 기준들이 모두 충족된다 해도 그렇게 말할 수 있는 것이다. 다양한 감정 상태들 사이의 구분이 극도로 불분명할 수가 있다. 우리는 물론 감정들 사이의 경계가 좀 더 분명하기를 바랄 것이다. 필요충분조건들을 제시하는 정의를 수립하여 "만약 ~라면, 그리고 오직 ~해야만 x는 외롭다."라고 하고 싶을 것이다. 그러나 현실에서 모든 현상이 이런 식으로 정의될 수 있는 것은 아니다. 감정 일반, 특히 외로움을 다룰 때에는 이 대상을 둘러싼 모호함을 어느 정도 받아들여야만 한다. 아리스토텔레스가 강조하듯이 "각각의 영역에서 주제의 본성이 허용하는 만큼의 정확성을 추구하는 것이야말로 교양 있는 사람의 표식"이다.[12]

사실 우리는 자신의 감정 상태조차 항상 완전히 확신하지는 못한다. 어떤 감정들은 너무 부끄럽기 때문에 우리가 그런 감정들을 느낀다고 남들 앞에서 인정하기가 싫다. 아니, 남들은 고사하고 자기 자신에게조차 인정하지 못할 때가 많다. 외로움이 곧잘 수치스럽게 여겨진다는 것은 기정사실이다. 이 문제는 제8장에서 다시 살펴보겠다. 감정으로서의 외로움은 우리의 사회생활이 만족스럽지 않다는 것을, 그리고 이 사실이 사회적으로 자명하게 드러나면 더욱더 괴롭기만 할 것이라고 우리에게 말한다. 외로움은 숨겨야 할 것이다. 또한, 우리는 자신에게까지도 외로움을 숨길 수 있다.

비슷한 다른 예로, 시기라는 감정을 들 수 있다. 이 감정을 느끼는 사람들은 자칫 경멸당할 소지가 있다. 프랑수아 드 라 로슈푸코가 한 말이 딱 들어맞는다. "우리는 곧잘 더없이 사악한 정념들조차도 자랑거리로 삼는다. 그렇지만 시기는 차마 표를 낼 수 없는 정념, 부끄럽고 창피한 정념이다."[13] 시기는 우리의 자아상에 포함하기에 영 달갑지 않은 감정이기 때문에 우리는 이 감정을 다른 식으로 해석할 때가 많다. 이를테면 내가 시기하는 그 사람이 원한을 사거나 욕을 먹어도 싼 짓을 했다는 식으로 말이다. 자기 감정을 한 치 틀림없이 지각하기에는 우리의 자기기만 능력이 너무 잘 발달했다.

이전의 감정 상태를 돌아보면서 재해석을 할 때도 있다. 파티장에서는 모든 게 신나고 좋았는데 파티가 끝나고 집에 돌아오면서 생각해보니 실은 저녁 내내 지루하기만 했던 것 같다. 인생의 어느 한 시기를 되돌아보면서 '그 시절에는 내가 행복하다고 생각했'는데 실세로는 죽도록 불행했구나.'라고 깨달을 수도 있다. 마찬가지로, 과거의 어느 한 시절을 회고하면서 '내가 그때 많이 외로웠구나. 나 자신조차 깨닫지 못했지만 말이야.'라고 생각할 수도 있다. 이처럼 당시에는 외로움을 느끼지 못할 수 있다는 생각이 외로움을 감정 현상으로서 강조하는 접근을 어렵게 한다. 느낌 없는 감정은 있을 수 없기 때문이다. 느끼지 못한 감정이라면 존재하지도 않는 감정이다. 이 명제는 어느 정도까지는 분명히 참이다. 그렇지만 우리는 감정이 우리 의식의 중심을 차지하지 못하도록 한쪽으로 밀어놓을 수 있다. 혹은, 어떤 감정을 다른 것으로 해석하거나 개념화할 수도 있다. 사람이 자신의 감정을 제대로 알아볼 수 있는지는 확실치 않지만 "시점 t에서 인물 x에게 감정 y가 있다."라고 주장할 수 있으려면 x라는 인물은 반드시 (적어도 회고적으로라도) y라는 감정을 t라는 시점에서 자기가 느꼈던 감정으로 알아볼 수 있어야 한다.

외로움을 느껴야만 외로운 자라고 할 수 있다. 외롭다는 것은 외로움으로 규정된 감정이 그 사람에게 있다는 것이다. 그 감정은 슬픔의 한 종류다. 실제로 외로운 상태에 있지 않은 사람이 외롭다고 '생각할' 수는 있다. 그러나 실제로 외롭지 않은 사람이 외로움을 '느낄' 수는 없다. x가 어느 정도까지 외로운가는 순전히 x가 어떤 정서적 상태에 있는가로 결정된다. 외로움의 정도는 본질적으로 모든 종류의 객관적 결정 요인들(x의 사회적 고립 여부, x가 마음을 터놓을 수 있는 측근·친구·가족 등의 존재 여부 등)과 별개의 문제다.

감정의 기능

이제 외로움이라는 감정의 기능을 좀 더 가까이서 들여다보자. '기분(mood)'이라는 용어가 이 맥락에서는 유용할 것이다. 감정과 기분은 동류의 정서 현상이기 때문에 딱 잘라 구분하기가 쉽지 않다. 기분이 더 일반적이고, 전체로서의 세계와 맞닿아 있다. 반면에 감정은 하나 혹은 그 이상의 특정 대상(들)에 향해 있다. 기분은 감정보다 오래갈 때가 많다. 가까운 사람을 잃었을 때 느끼는 특정한 외로움이 있는가 하면, 무엇이 그리운 건지도 모르는 막연한 외로움도 있는 법이다. 그렇지만 외로움을 정서 현상으로서 논할 때 감정과 기분의 구분이 그렇게까지 중요하지는 않다. 그래서 나는 감정과 기분을 서로 바꿔 쓸 수 있는 말로 간주하면서 논의를 전개할 것이다.

기분은 우리가 어떻게 지내고 있는지 알려준다. 그리고 우리는 늘 어떤 식으로 존재한다. 누군가가 어떻게 지내느냐고 물어보면, 꼭 정직하게 답하지 않더라도 대답을 할 수밖에 없다. 그 대답이 "아주 잘 지내고 있어."일 수도 있겠다. '아주 잘 지낸다'는 것은 비록 가장 흥미로운 상태는 아닐지라도 어떤 정서 상태에 있다는 뜻이다. 하이데거는 감정과 기분이 완전히 주관적이지는 않다고 보았다. 사실 "기분은 우리가 우리 자신 밖에서 존재하는 기본 방식이다."[14] 그와 동시에, 감정과 기분은 우리로 하여금 우리 자신과 만나게 한다. 감정이 우리로 하여금 우리 자신과 만나게 하면서 바깥세상과도 만나게 하는 이유는, 감정이 그 정도의 개방 가능성을 지니기 때문이다. 하지만 우리 자신과 세상에 대한 부적절한 시각을 제공하는 감정이라면 오히려 차폐 기능을 할수도 있다.[15] 기분이 내키지 않는다면 굳이 다른 것 대신 이것을 지향할 이유도 없다. 기분의 결여는 곧 의미의 결여일 테니까. 기분이 수반되지 않는 경험은 없다. 혹시 그러한 경험을 상상하려

든다면 그 경험은 어떤 의미도 띠지 않기 때문에 필연적으로 이해할 수 없을 것이다.

기분은 우리와 세계와의 관계, 다른 사람들과의 관계, 우리 자신과의 관계를 드러낸다. 다양한 기분은 다양한 세계와 다양한 자아를 드러낼 것이다. 두려움이나 지루함 같은 기분은 세계를 저만치 먼 것처럼 보이게 하지만 행복이라는 기분은 세상사를 한결 더 가까워 보이게 한다. 세상사와의 가까움을 드러내는 기분은 일반적으로 주의를 끌지 못한다. 행복할 때는 기쁘고 즐거운 사안에 관심이 집중되는 반면, 지루함에서 오는 소외감은 오히려 그 기분 자체에 주목하게 한다. 외로움을 느낄 때에는 그 기분의 중심에 있는 결핍감으로 관심이 쏠린다. 어떤 기분은 사회적으로 더 개방된 자세로 이끌지만, 또 어떤 기분은 사회적으로 더 움츠러들게 한다. 외로움은 사회적 생활에 대한 갈망을 포함하지만 실제로는 사회적 위축으로 이어지는 경우가 많다.

세계관으로서의 외로움

기분은 체험 공간을 열어놓는다.[16] 하이데거는 주로 '암울한' 기분들을 강조했지만, 그는 또한 그렇지 않은 기분, 예를 들어 사랑하는 사람의 존재에서 비롯되는 극도의 행복 등도 논의에 포함했다.[17] 사랑을 느낄 때 세계는 사랑이 일어날 수 있는 장이 된다.

이 행복은 단순히 우리가 사랑하는 사람에 대한 것뿐만이 아니라 전체로서의 세계에 대한 것을 드러내 보인다. 다른 모든 것도 그러한 기쁨의 빛 속에서 경험되기 때문이다. 누구나 처음으로 사랑에 빠졌을 때, 그리고 사랑이 끝났을 때에 세상이 얼마나 달라 보이는지 경험한다. 하이데거는 사랑하면 눈이 먼다는 속담에 동의하지 않았다. 오히려 그는 사랑에 빠지면 사랑하지 않았을 때는 보지 못했던 것들이 비로소 눈에 들어온다고 힘주어 말했다.[18] 내가 기분이 나쁠 때는 세계의 부분들이 나에게 닫힌다. 이를테면, 그런 기분으로는 타인의 즐거움을 함께 기뻐하기가 쉽지 않다. 그래서 사뮈엘 베케트의 초기 소설 「예쁘거나 중간 정도의 여자들에 대한 꿈(Dream of Fair to Middling Women)」의 주인공은 '초월적 우울'에 시달리는 것으로 묘사된다. 이 우울은 그가 경험하는 방식대로 세계를 경험하기 위한 조건이다.[19] 그렇지만 많은 철학적 텍스트에서도 고독을 성찰에 특히 유리한 공간이라고 강조하고 있기는 하다. 하이데거가 고독을 자기 인식으로 가는 길이라고 썼던 것도 이러한 입장을 징후적으로 드러낸다고 하겠다.[20] 그런데 과연 고독해지면 고독하지 않을 때보다 진실에 더 가까이 다가가게 되는 걸까? 나는 그렇게 생각하지 않는다. 고독하지 않을 때에는 없었던 어떤 통찰이 고독으로 말미암아 생길 수도 있지만, 고독이 오히려 다른 통찰을 흐리게 할 수도 있다. 고독은 인생을 '다른' 시각에서 바라보게 하지만 그 시각이 반드시 더 진실에 가까운 것은 아니다.

기분은 남들과 더불어 사는 삶에 부수되어 생겨나기만 하는 것이 아니라 우리가 남들과 더불어 사는 방식을 결정하는 데 큰 역할을 한다.[21] 외로움의 현상학에서 이 점은 핵심 요인인 듯하다. 외롭다는 기분 속에서 살아가는 사람은 그렇지 않은 사람과는 다른 방식으로 타자들과 관계를 맺을 것이다. 말하자면, 외로운 자와 그렇지 않은 자는 서로 다른 세계를 점유하고 살아간다고 하겠다. 기분의 차이는 결국 세계를, 각자가 처한 상황을 매우 다른 방식으로 경험하게 하기 때문이다. 루트비히 비트겐슈타인은 『논리철학 논고』(1921)에서 "행복한 자의 세계는 불행한 자의 세계와 다른 것이다."[22]라고 했다. 외로운 자의 세계에 대해서도 똑같은 말을 할 수 있다. 외로움은 현실의 외로운 부분을 보여준다. 외로움은 외로운 세상을 보게 한다. 그렇지만 내가 보려고 들면 다른 부분들—혹은 다른 세계들—이 있다.

그래서 감정은 순전히 주관적으로 발생하는 것으로만 보지 않고 인지 도구, 다시 말해 현실에 대해서 뭔가를 가르쳐주는 도구로 볼 수가 있다. 우리가 현실을 지각할 때 사용하는 다른 도구들과 마찬가지로, 감정도 올바른 시각을 제공할 수도 있고 잘못된 시각을 제공할 수도 있다. 어떤 상황에서 우리가 느끼는 바는 우리가 그 상황을 어떻게 해석하느냐에 달렸다. 제3장에서 보겠지만 외로운 자와 외롭지 않은 자는 사회적 상황을 해석하는 방식이 다르다. 예를 들어 신뢰 수준과 외로움 사이에는 분명한 상관관계가 있다. 외로운 사람들은 그렇지 않은 사람들에 비해 자기가 처한 사회적 환경을 훨씬 더 위협적인 것으로 해석한다.[23] 이들은 외롭지 않은 사람들보다 사회적 상황의 위험도를 높게 보기 때문에 사회적 상황에 진입하는 방식도 다를 수밖에 없다. 그 결과, 이들이 그토록 열망하는 애착을 맺기는 더욱더 곤란해진다. 두려움이 외로움을 가라앉히기 위해 꼭 필요한 바로 그것, 즉 인간적 접촉을 저해하기 때문이다. 말하자면, 사회적 두려움은 타인들과의 직접적인 관계를 서서히 약화시키고, 그런 면에서 사회적 관계를 서서히 약화시킨다고 말할 수 있다. 외로운 사람이 두려운 심정으로 어떤 사회적 상황에 진입하는 경우, 그 두려움은 고통이나 피해의 원인으로 여겨지는 미래의 특정 상황에 대한 투사를 포함할 것이다. 아리스토텔레스의 말마따나 "두려움은 파괴적이거나 고통스러운 미래의 나쁜 일에 대한 심상에서 기인하는 고통이나 혼란으로 정의될 수 있다."[24] 사회적 상황에 이러한 대도로 진입한 사람은 아무 걱정 없이 뛰어든 사람보다 한결 신중하고 유보적인 처신을 할 것이요, 그로써 그가 맺을 수 있는 애착의 유형에 한계가 생길 것이 분명하다. 이러한 맥락에서 정신적 등가성(psychic equivalence)은 유의미한 것이 된다. 정신적 등가성 개념에서는 인간에게 자기 내면의 정서적·인지적 상태와 객관적 현실을 구분할 수 있는 능력이 없다고 본다. 간략히 말하자면, 인간은 자기가 뭘 어떻게 느끼든 간에 그게 곧 현실이라고 생각한다. 예를 들어 어떤 사람이 자기가 안전하다고 느끼지 못하는 까닭에 타인들이 실제로는 적대적이지 않은데도 그들이 적대적이라는 결론을 내릴 수 있는 것이다.

혹자는 외로운 사람들이 사회적 상황에 대해서 부적절하고 감정적인 결론을 더 자주 내린다고 주장할 수도 있다. 그렇지만 외로운 사람 입장에서는 타자와의 모든 만남에 고통스러운 거부의 가능성이 있으므로 자기가 그렇게 현실을 모르는 건 아니라고 주장할 수도 있다. 여기서도 답은 바로 이 거부에 대한 두려움이 거부당할 확률을 높인다는 것이다. 아리스토텔레스는 다음과 같이 말했다. "우리가 저지를 수 있는 잘못 중 하나는 두려워해서는 안 될 것을 두려워하는 것이며, 다른 하나는 잘못된 방식으로 두려워하는 것이고, 또 다른 하나는 두려워해서는 안 될 때 두려워하는 것, 그 외에도 여러 가지가 있다."[25] 그런 점에서 위험이 실제로 어느 정도 있다 해도 그러한 위험을 이성적으로 파악하는 수준을 벗어나 과도하게 두려움을 느낀다든가 할 수도 있는 것이다.

이미 지적했듯이 외로움은 사회적 위축, 타인들과의 애착 욕구가 충족되지 않음을 알려주는 불편하거나 괴로운 느낌으로 기술될 수 있다. 이러한 맥락에서 기능 장애를 암시하는 특징들이 나타날 수도 있다. 어떤 이가 사회 공동체의 일원으로서나 각별한 지인들과의 관계를 볼 때 타인들과 상당히 잘 지내는 것처럼 보이는데도 외로움이라는 감정이 지속되는 경우가 있다. 결국 그는 자신의 애착 욕구가 너무 커서 결코 만족할 수 없다고 결론 내릴지도 모른다. 실제로 고질적으로 외로움을 느끼는 사람은 그렇지 않은 사람보다 대인 관계에 대한 기대가 더 크다는 자료 증거도 있다.[26] 그들은 사회적 상호 작용에서 자기 자신에게나 타인들에게나 요구 수준이 높은 사회적 완벽주의자들이다.[27] 우리는 이러한 생각을 제3장에서 좀 더 자세히 살펴볼 것이다. 하지만 고질적으로 외로워하는 사람들의 상당수는 다음과 같은 문제가 있는 듯하다. 이 사람들은 사회적 환경이 어떻든 간에——애정과 배려가 넘치는 가족과 친구들이 있든 없든 간에——여전히 외로움을 느낀다. 그들은 너무 강력하게 애착을 기대하기 때문에 실현이 불가능하다. 사회 환경이 변한다고 해서 그들의 외로움이 해결되지는 않을 것이다. 해법은 외로운 자가 자기 자신에게 기울이는 노력에서 찾아야 한다.

감정생활의 여건 조성

내가 특정한 기분에 있으면 세계는 그에 맞게 규정된 가능성들의 장을 여는 듯하다.[28] 다양한 기분은 세계 전체, 대상, 타자와의 다양한 관계를 가능케 한다. 그렇지만 기분은 나의 의지로 쉽게 바뀌지 않는다. 하이데거가 잘 표현한 대로, 그냥 장갑을 꼈다 벗었다 하듯이 어떤 기분에서 스르르 벗어날 수는 없는 노릇이다.[29] 하이데거는 그러면서도 우리가 기분을 다스리기 위해 노력해야 한다고 했는데, 그런 통제가 어떻게 가능한지에 대해서는 제안한 바가 별로 없다.[30] 인간은 본질적으로 기분과의 관계에서 수동적이기 때문에 그러한 통제를 획득할 수 있는지 불분명하기 짝이 없지만, 하이데거는 우리가 어떻게 해서든 대척점에 있는 기분으로 나아감으로써 기분의 균형을 맞추려고 노력해야 한다고 생각한 듯하다.[31] 문제는 "외로움의 대척점에 있는 기분은 무엇인가?"이다. 소속감인가? 소속감이 외로운 개인이 열망하면서도 확보하지 못하는 감정인 것은 맞다. 그래서 우리는 좀 더 간접적인 방법, 예를 들어 타인들에게 의존하는 방법도 배워야 한다. 앞으로 보겠지만 타인에 대한 전반적 불신이야말로 외로움의 가장 중요한 지표 중 하나다. 타인들을 신뢰하는 법, 그들의 말과 표정과 몸짓을 위협적이지 않은 것으로 해석하는 법을 배워야 그들과 더 직접적으로 관계를 맺고 애착 형성에 필요한 조건을 개선할 수 있다.

외로운 사람들은 타인을 두려워하면서도 타인과의 애착을 갈망하는 자아를 형성했다. 외로운 사람들이 그런 자아와는 다른 자아를 형성해서 사회적 환경과 다른 방식으로 연결될 수도 있었을 것이다. 그렇지만 아무도 감정을 그냥 선택할 수는 없다는 점에 주목해야 한다. 외로운 자는 애착 결핍에서 기인한 두려움이나 고통을 느끼지 않겠다고 선택하거나 결정할 수가 없다. 반면, 좀 더 간접적인 방식으로 감정에 영향력을 행사할 수 있다. 여러분은 특정 감정이 일어나는 상황, 으레 거부에 대한 두려움을 경험하고 그 때문에 문득 외로워지는 상황을 찾아볼 수 있다.

여러분이 주관적으로 상황에 끌어들이는 감정들과, 그 상황에서 자연스럽게 일어나는 감정들에 대해서 연구할 수 있다. 비록 제한적이기는 해도 우리에게는 어떤 감정을 불러오거나 억누를 수 있는 실질적 역량이 있다. 우리 모두 자신의 감정생활을 연구하고 감정적 기질을 형성해야 한다. 이러한 이유에서 우리는 우리 감정에 책임이 있다고 말할 수 있다. 우리 모두에게 책임이 있고, 이 책임은 주체와 대상이 동일하다. 곧 '나'는 '나'에 대해서 책임이 있다. 나는 나의 행위에만 책임이 있는 것이 아니라 어떤 의미에서는 나의 감정과 믿음에도 책임이 있다. 감정과 믿음은 그 대상과 관련하여 적절할 수도 있고 부적절할 수도 있다는 생각, 나아가 나에게 그것을 바꿀 힘이 있다는 생각에 따르면 말이다. 감정은 그냥 주어지기만 하는 것이 아니라 개인이 자기 안에서 연구할 수 있는 것이다.

우리는 감성석 반응을 규범적 방식으로 평가하고 그러한 반응이 주어진 상황에 비해서 너무 지나치다든가 너무 미미하다는 판단을 내릴 수 있다. 우리는 어떤 이가 비극을 겪고도 충분히 슬퍼하지 않는구나, 어떤 이는 사소한 '모욕'에 과하게 화를 내는구나, 모든 면을 살펴보건대 딱히 의심할 필요가 없는 사람이건만 그 사람의 이성 친구는 지나치게 질투를 하는구나 등의 생각을 할 수 있다. 텔레비전 시트콤 『리틀 브리튼』에는 아주 고고한 척하는 노부인이 한 명 등장하는데 이 부인은 극단적인 인종 차별주의자로 자기가 먹은 케이크를 유색인종이 건드렸다는 말을 듣자마자 토악질을 하고 케이크를 내던진다. 우리가 이 부인을 규탄하는 이유는 비록 그게 자연스럽게 발생한 감정적 반응일지라도 그녀가 그런 식으로 느끼면 안 된다고 생각하기 때문이다. 우리는 그 부인이 자기와 피부색이 다른 사람들에 대해서 생각하고 느끼는 방식을 바꿔보려고 시도하지 않았다는 이유로 비난을 할 수가 있다. 마찬가지로, 사회적 지지의 부족과 그에 수반되는 외로움에 대한 불만도 당사자가 합리적 기대 수준의 사회적 지지를 누리고 있다면 옹호될 수가 없다고 하겠다.

우리는 느낌을 함양하고 감정 습관을 계발할 수 있다. 평가를 달리하면 감정도 달리할 수 있다. 실제 행동과 습관을 변화시킬 수 있고, 그로써 감정도 변화시킬 수 있다. 인간의 모든 감정은 끊임없는 조절의 대상이다. 느낌은 그때 그 자리에서 선택할 수 있는 대상은 아니지만 선천적 기질과 후천적 기질 양쪽 모두의 결과요, 매우 오랜 시간에 걸쳐 이어진 수많은 선택들의 결과다. 외로움을 느끼는 경향 자체는 자기 책임이 아니지만 그 경향을 어떻게 다스리느냐는 자기 책임이다. 그러므로 자신의 외로움도 어느 정도는 자기가 책임져야 한다. 제8장에서 우리는 이 주제로 돌아갈 것이다.

제 3 장

외로운 자는 누구인가?

Who are the Lonely?

외로운 사람들은 남들과 어울려 지내느라 치러야 하는 정신적 비용을 감당하지 않기로 작정한 탓에 외롭게 사는 경향이 있다. 그들은 사람 알레르기가 있다. 사람들은 그들에게 너무 심하게 영향을 준다.

데이비드 포스터 월리스, 『재밌다고들 하지만 나는 두 번 다시 하지 않을 일』

외로운 자는 누구이며 얼마나 많을까? 이 질문에 단박에 대답할 방도는 없다. 외로움은 혼자 있음이라는 상태와는 달리 주관적 현상이기 때문에 객관적 기준에 근거하여 수량화할 수 없다. 그래서 주관적 기준을 반드시 끌어들여야만 하고 어떤 기준을 적용하느냐에 따라서 외로운 자의 집계는 현격히 달라진다. 가장 확실한 접근법은 사람들에게 외로움을 느끼는지, 혹은 느낀 적이 있는지 묻는 것이다. 하지만 '외로움'과 '외롭지 않음'을 구분하려고 하면 그 경계선이 어떻게 되는지 불분명하기 짝이 없다. 어떤 의미에서 우리는 모두 외롭다. 그러나 외로움의 개념을 그렇게 광범위하게 정의한다면 가장 혹독한 외로움에 시달리는 사람들을 구별해내지 못할 것이다. 반면, 우리가 외로움의 개념을 엄격하게 정의한다면 그 기준에 부합하는 사람들은 극소수일 것이므로 외로움이라는 문제의 규모를 간과할 위험이 있다.

외로움의 양화(量化)

다양한 검사가 외로움을 양화하려는 목적에서 개발되었다. 그중 가장 널리 퍼진 검사는 1970년대 말부터 사용되어온 UCLA의 외로움 척도다. 그러나 이 검사는 애초에 젊은 사람들, 특히 미국 학생층을 염두에 두고 개발한 것이기 때문에 노르웨이 은퇴 세대나 중국 아동층 같은 전혀 다른 집단에게도 액면 그대로 적용 가능한지 의문시된다는 약점이 있다. 게다가 이 검사에서 사용하는 핵심 용어들이 상당히 애매하다. 응답자들은 완전히 혼자라는 느낌이 '때때로' 드는지 '자주' 드는지 답해야 하는데 도대체 '때때로'와 '자주'를 가르는 기준은 무엇일까? 이 사람의 '때때로'가 저 사람의 '자주'일 수도 있다고 생각할 만한 이유는 충분하다. 그러므로 좀 더 정교한 검사가 바람직하다. 더 용 히르벌트 외로움 척도와 성인용 정서적·사회적 외로움 척도를 그 예로 들 수 있다. 또한 실존적 외로움 설문 조사처럼 좀 더 특수한 형태의 외로움을 파악하기 위한 검사들도 있다. 뿐만 아니라, 고독 선호 척도처럼 외로움의 긍정적 형태를 파악하는 검사도 개발되어 있다.

그도 그럴 것이, 우리는 주관적 현상을 다루지만 과연 고도로 정확한 측정 도구를 개발할 수 있을지 그 여부는 확실치 않다. 당연히 우리도 더 정확한 측정을 원하기는 하지만 실제 현상이 이를 용납지 않으니 현재 사용 가능한 도구를 그 한계를 분명히 의식하면서 사용하는 수밖에 없다. 따라서 외로움을 겪는 인구수를 집계했다는 조사 결과들을 항상 액면 그대로 받아들이지 말아야 한다. 어차피 객관적인 집계가 불가능하기 때문에 그렇다. 나아가 외로움을 겪는 인구수의 증감과 관련해서는 결론을 내려 들지 않도록 주의해야 한다. 질문 방식에 아주 작은 변화만 있어도 결과에 상당한 영향을 미치기 때문이다.

그럼에도 불구하고 우리의 고찰은 이러한 조사들의 자료에 근거를 두어야 한다. 외로움이 어떻게 전개되는가? 외로움은 증가하고 있는가? 결과들은 뒤죽박죽이다. 어떤 연구들에서는 외로움이 급증했음을 보여주는데 또 다른 연구들에서는 그 반대 결과를 들이밀고, 대부분은 변화가 거의 없다고 말한다. 이 연구들에서는 대부분 노년층을 대상으로 삼았는데, 현재의 노년층이 과거의 노년층보다 더 외롭지는 않다는 점은 명백히 보여줄 수 있었다.[1] 외로움을 겪는 인구 증가를 입증한 연구들[2]도 있지만 이 연구들은 대형 미디어들의 주목을 확실히 받기는 했어도 실상은 예외적 연구들에 해당한다. 종합적으로 보아 이 인구의 비중은 세월의 흐름과 상관없이 안정적인 편이지만 어쨌든 완벽한 결론을 내려고 하지는 말아야 할 것이다.

측정에 사용되는 도구가 그리 정교하지 않기 때문에 기본적으로 "인구의 x%는 외롭다." 따위의 진술은 무의미하다. 진술의 정확성이 오해를 부르기 때문이다. 그렇지만 이러한 조사들을 활용하여 서로 다른 국가, 사회 집단, 연령 집단, 젠더 사이에서 나타나는 변화들을 파악할 수 있다. 또한 외로움이 시대에 따라서 얼마나 두드러지게 나타났는가에 대해서도 어느 정도는 말해볼 수 있다. 다만, 이러한 고찰은 고르게 구조화되지 않은 연구들에 의존해야 할 때가 많아서 결과적으로 수치 비교가 곤란하기 때문에 여전히 근거가 불확실하다고 하겠다.

노르웨이의 외로움

노르웨이에서는 국민의 소득과 생활 조건을 종합적으로 조사해왔기 때문에 외로움과 다른 현상들의 상관관계를 연구할 만한 방대한 데이터가 마련되어 있다. 다음은 1980년부터 2012년까지 노르웨이의 소득과 생활 조건 조사에 근거한 내용이다.[3] 모든 수치는 백분율을 나타낸다. 조사는 으레 6,000~8,000명을 대상으로 했다. 이 조사들로 알아낸 바를 간략히 보고하자면, 외로움은 증가하지 않았다는 것이다. 유일한 변화는 외로움을 '자주' 느끼거나 외로움 때문에 '매우 힘들다'고 응답한 사람들의 비율이 조금 줄었다는 것이다.

반면에 속을 털어놓을 수 있는 막역한 이가 있다고 응답한 인구의 비율은 1980년에서 2012년 사이에 다음과 같이 현격한 변화를 보여주었다.

	1980	1983	1987	1998	2002	2005	2008	2012
남성	62	63	69	80	80	97	93	93
여성	74	77	78	90	89	98	96	96

특히 최근의 조사들에서는 거의 모든 응답자가 막역한 관계에 있는 사람이 있다고 답했다. 그러한 존재와 외로움의 경험 사이의 상관관계를 살펴보면 각각의 조사에서 그러한 사람과 외로움의 경험 사이의 상관관계는 미미한 것으로 드러났다. 여러분도 보면 알겠지만, 초기 조사에서 최근 조사로 갈수록 막역한 이가 있다고 응답한 사람들은 늘어났는데 외로움을 경험하는 인구 수치는 그에 걸맞게 감소하지 않았다. 어쩌면 이 사실은 속을 털어놓을 수 있는 사람의 존재가 흔히 생각하는 것만큼 외로움을 피하는 데 중요한 역할을 하지 못한다는 것을 의미하는지도 모른다.

개인이 친구들과 얼마나 접촉하느냐는—자주 접촉하든, 거의 접촉하지 않든 간에—유의미한 영향을 미치지는 않는다. '자주'

외로움을 느낀다고 답한 사람들의 경우, 그들이 친구를 자주 만나느냐 거의 만나지 않느냐는 별다른 차이를 낳지 않았다. 그렇지만 '이따금' 외롭다거나 외로움을 '거의' 느끼지 않는다고 답한 사람들에게는 친구들과의 만남이 어느 정도 영향을 미쳤다. 이로써 '고질적' 외로움은 내인성 유형에 해당하고 사회적 환경에 별로 영향을 받지 않지만, 그 외 사람들에게는 사회적 환경이 폭넓게 작용한다는 가설을 세워볼 수 있다. 또한 친구를 일상적으로 만나는 사람들이 친구를 가끔 만나는 사람들보다 외로움을 두드러지게 느낀다는 점도 흥미롭기에 언급해둔다.

외로움은 큰 공동체에서나 작은 공동체에서나 별 차이 없이 나타난다. 그러나 소득과 생활 조건에 대한 조사들에서는 대부분 인구가 적은 지역 사람들에게서 외로움 출현율이 높게 나타나고 도시에서는 약간 더 낮게 나온다고 밝혔다. 그리고 다른 국가들에 비해 노르웨이에서는 연령 집단에 따른 차이가 아주 적었다. 어쨌든 가장 높은 수치를 기록한 연령 집단은 16~24세 집단과 67세 이상 집단이었다. 노르웨이도 남성보다 여성에게서 외로움이 더 두드러진다는 점은 다른 국가들과 다르지 않았다. 이 젠더 차이는 매우 일관되게 나타나기 때문에 나는 다음에 제시하는 결과 수치들도 젠더별로 나누어 제시하는 편이 좋겠다고 생각했다.

소득과 생활 조건에 대한 과거의 조사들과 최근 조사들에서는 외로움에 대해서 질문하는 방식이 다르다. 옛날에는 주로 얼마나 자주 외로움을 느끼는지 물었지만 요즘에는 얼마나 심하게 외로움에 시달리는지를 주로 묻는다. 이 둘은 기본적으로 독립적이다. 외로움을 자주 느껴도 그게 문제가 될 수준이라고는 생각하지 않는 사람들도 있을 수 있거니와, 반대로 외로움을 좀체 느끼지 않지만 어쩌다 한 번씩 극단적으로 외로움에 몸부림치고 괴로워하는 사람들도 있을 수 있기 때문이다. 한편, 1998년부터는 두 질문 유형을 모두 제시했기 때문에 수치들을 비교해서 과거의 조사 결과와 최근의 조사 결과 사이에 분명한 상관관계가 있다고 결론 내릴 수가 있다. 그렇지만 외로움을 '자주' 경험한다고 답한 사람들 가운데 외로움 때문에 '매우 힘들다'고 한 사람은 겨우 절반을 조금 넘는 정도라는 점도 눈여겨봐야 한다. 그래서 나는 두 질문 유형에 맞게 두 개의 표를 작성하기로 했다.

전반적으로 수치가 크게 변하는 경향은 보이지 않았다. 그리고 외로움을 '자주' 느낀다거나 외로움 때문에 '매우 힘들다'고 하는 강경한 답변 비율은 계속 떨어지는 경향이 보인다. 그 외에는 주목할 만한 변화가 별로 없다. 어떤 경우에도 이 조사들은 우리가 외로움을 전염병처럼 느끼고 있다는 주장을 뒷받침할 만하지 않다. 또한 외로움 문제는 전체 인구에서 비교적 제한된 범위에만 해당이 된다는 결론을 내릴 수 있다.

당신은 외롭다고 느낍니까?

	자주 그렇다	때때로 그렇다	거의 그렇지 않다	그런 적 없다
1991 - 남성	3.2	13.5	20.6	62.7
1991 - 여성	5.0	21.1	23.3	50.6
1995 - 남성	3.2	13.7	20.6	62.6
1995 - 여성	5.3	21.5	22.9	50.3
1998 - 남성	2.4	14.0	29.6	53.9
1998 - 여성	4.3	20.8	31.1	43.7

외롭다는 느낌 때문에

	극도로 힘들다	매우 힘들다	조금 힘들다	힘들지 않다
1998 - 남성	1.5	3.5	17.2	77.8
1998 - 여성	2.4	4.2	22.1	71.4
2002 - 남성	1.5	2.9	16.2	79.4
2002 - 여성	2.2	3.6	20.8	73.3
2005 - 남성	1.2	2.5	15.8	80.5
2005 - 여성	1.6	4.0	19.2	75.3
2008 - 남성	1.2	3.0	18.0	77.8
2008 - 여성	1.3	4.1	23.8	70.8
2012 - 남성	1.0	3.4	17.7	77.9
2012 - 여성	1.8	5.5	23.3	69.5

그러니까 "노르웨이 사람 4명 중 1명은 외로움에 시달린다."와 같은 통계 제시도 그 자체로는 진실이다. 어쨌든 '외롭다는 느낌 때문에 극도로 힘들다/매우 힘들다/조금 힘들다'를 다 합치면 얼추 25%가 되기 때문이다. 그렇지만 이 세 집단을 한데 싸잡아 이런 식으로 표현하는 것은 오해의 소지가 있다. 이는 만성 두통 환자들과 어쩌다 가끔 가벼운 두통을 느끼는 사람들을 한 집단에 몰아넣는 격이다.

이런 까닭으로 나는 이미 언급했듯이 "전체 인구의 x%는 외로움을 겪는다."라는 식의 주장이 영 미덥지 않다. 외로움처럼 모호한 현상에 이렇게 딱 떨어지는 진술을 적용한다는 것은 기만적이기 때문이다. 결국 우리 모두는 우리 자신을 이 연속체 속의 어느 지점에서 찾을 뿐이다.

외로움, 인생 단계, 사회 집단

인생의 단계들 중에서 어느 단계가 전형적으로 가장 외로움에 시달리는 때일까? 다양한 연구에서 다양한 답을 내놓았다.[4] 연령 집단들을 비교한 연구들에서는 대부분 청소년기와 노년기에 외로움 수준이 가장 높다고 보았다. 경제 활동기에 외로움 수치는 가장 낮게 나타나므로 비선형 분포 그래프가 나타난다. 하지만 완전히 정반대 결과를 보여준 연구도 있고, 연령 집단에 따른 외

로움의 수준 차이는 미미한 편이라고 발표한 연구도 있다.[5]

아동의 외로움은 부모의 외로움과 상관관계가 있으며 특히 아버지보다는 어머니의 외로움과 강한 관련성을 나타낸다.[6] 이 상관관계는 사회적 설명과 유전적 설명을 모두 망라하여 다양하게 설명될 수 있다. 외로움은 부분적으로는 선천적 현상으로 보인다. 외로움이라는 감정에 있어서 절반 정도는 유전자가 이유라고 할 것이다. 다시 말해, 이 감정의 유전 가능성이 45~50%는 된다.[7] 한 가지 흥미로운 특징은, 이 유전적 영향이 아동기에서 청소년기 사이에 극적으로 떨어지기 때문에 7세보다는 20세가 훨씬 덜 영향을 받는다는 사실이다.

유전적으로 옥시토신 수용체가 부족한 사람이 외로움을 더 심하게 탈 확률이 높다고 보았던 연구들이 다수 있다.[8] 옥시토신은 타인에 대한 애착 감정의 생화학적 토대 중에서도 핵심 요인이라고 할 만한 호르몬이다. 외로움처럼 복잡다단하기 그지없는 현상을 옥시토신 수용체 결핍으로 싸잡아 설명해서는 안 되겠지만 외롭다는 감정의 이유를 부분적으로는 여기에서 찾을 수 있다.[9]

게다가 이민자, 장애인, 노인 등과 같은 일부 집단은 이런 연구들에서 지나치게 비중이 높게 나타난다. 결혼 혹은 동거, 한 명 이상의 가까운 친구, 양호한 건강 상태, 높은 교육 수준은 전형적으로 외로움 위험을 낮추는 듯 보인다. 근로 환경에서 완전히 벗어난 생활은 외로움 지수를 높이는 반면, 의외로 실업은 그렇게까지 외로움과 밀접한 상호 관련성을 나타내지 않는다.[10] 특기할 만한 젠더 차이는 직장이 있는 남성이 외로움 지수가 낮은 데 비해 직장이 있는 여성은 일을 하지 않는 남성보다도 외로움 지수가 높다는 것이다.[11] 노년층은 건강이 외로움에 큰 영향을 미치지 않지만 다른 연령 집단에서는 건강을 잃은 경우와 외로움이 분명한 상관관계가 있다.

외로움을 얼마나 느끼느냐라는 문제로 넘어가면 거주 국가도 핵심 요인 중 하나가 된다. 실제로 거주 국가는 연령보다 외로움에 더 큰 영향을 미친다. 유럽의 경우, 동유럽 사람들이 가장 외로움을 타고 북유럽 사람들이 가장 외로움을 덜 탄다.[12] 이탈리아, 그리스, 포르투갈 같은 남유럽 국가도 외로움 지수가 비교적 높은 편이다. 스칸디나비아 국가들에서는 다른 유럽 국가들에 비해서 외로움 지수가 낮고 연령 집단들 간의 차이가 비교적 적다.[13]

외로움과 젠더

여성은 가장 높은 비중을 차지하는 집단이다. 대부분의 연구에서 여성은 남성보다 외로움을 많이 타는 것으로 나온다. 아동기에는 젠더 차이가 없다. 하지만 아동기 이후부터는 모든 사회, 다양한 연령 집단에서 확실한 차이가 보인다.[14] 외로움이 여성보다 남성에게 더 문제가 된다고 결론 내린 연구들도 일부 있지만 그 연구들은 예외적이다. 여성이 외로움을 더 많이 탄다는 결과는 메타 분석으로도 확인된 바 있지만 외로움의 수준 차이는 연구마다 천차만별이다.[15] 어떤 연구에서는 외로움을 겪는 인구 비율은 남성보다 여성이 높지만 여성보다 남성이 이 감정에 혹독하게 시달린다고 보았다.[16] 또한 외로움이 경제 활동을 하는 동안에는 감소되었다가 경제 활동을 그만두고 심해지는 시기에 있어서도 젠더 차이가 보인다. 한 연구에 따르면 외로움 수준이 높아지는 시기가 남성은 75세 이후, 여성은 55세 이후라고 하니 상당한 차이가 있는 셈이다.[17]

남성보다는 여성이 사회적 네트워크나 속을 털어놓을 수 있는 친구 관계를 잘 운영한다고 입증하는 자료도 있는 마당에, 왜 여성이 남성보다 더 선뜻 외로움을 느낀다고 답변하는지 그 이유는 확실치 않다. 게다가 여성은 가족들과의 접촉도 남성보다 더 빈번한 것으로 나타난다. 여성은 인생을 살면서 계속 그때그때 새로운 친구를 사귀는 반면, 남성은 옛 친구들과의 관계를 굳게 유지하는 편이고 오래된 교우가 끊겨도 새 친구로 대체하기보다는 그냥 예전보다 적은 친구 수에 만족하며 지낸다.[18] 이 때문에 우리는 남성이 여성보다 외로움을 더 많이 겪는다고 생각할 수도 있지만 조사 결과는 정반대다. 물론, 이러한 젠더 차이를 여성이 남성보다 솔직하다는 둥, 그래서 외로움을 느끼느냐는 질문을 받으면 순순히 인정하는 편이라는 둥 설명할 수도 있었다.[19] 그렇지만 나는 그런 설명은 납득하기 어렵거니와 독립적인 검증이 결여되었다고 본다. 젠더 차이는 많은 현상에 적용될 수 있다. 예를 들어 여성은 남성보다 불안과 우울 수준도 높게 나타난다. 나 개인적으로는 여성과 남성은 관계에 대한 욕구가 다르다는 설명이 가장 그럴듯하지 않은가 생각한다.

관계 욕구의 젠더 차이는 생물학적·심리학적·사회적 원인에 그 뿌리가 있을 수 있다. 그리고 생물학보다는 사회 규범에서 기인할 가능성이 더 높다는 증거가 몇 가지 있다.[20] 여성이 실제로 관계 욕구가 더 크다면 여성이 남성보다 더 건실하고 깊은 인간관계를 맺으면서도 더 많이 외로움을 타는 이유가 설명될 수 있을 것이다. 그렇지만 우리는 이 차이의 원인을 콕 집어 지목할 근거가 없으므로, 전반적으로 남성보다 여성이 외로움을 더 많이 경험한다는 연구 결과가 있다는 것만 알아두자.

그 밖에도 외로움과 관련된 젠더 차이는 여러 가지가 있다. 이를테면 남성의 극심한 외로움을 예측할 수 있는 변수로는 집단 및 기관(소속 회사, 소속 대학 등)과의 동일시 결여가 있는데, 여성의 경우에는 그러한 동일시와 외로움의 경험이 사실상 무관하다.[21] 또한 일대일 애착 관계는 남성보다 여성에게서 더 많은 부분을 차지한다. 반면, 독신 남성과 독신 여성은 양쪽 다 기혼자에 비해 외로움 수준이 높긴 하지만, 독신 남성이 독신 여성보다 외로움을 심하게 겪는다.[22]

외로움과 성격

외로움 혹은 외롭지 않음의 특징은 이 감정이 오랜 기간에 걸쳐 유지되는 경향이 있다는 것이다.[23] 외로움 척도 검사를 받아본 사람은 예전에 받았던 검사 결과와 그 후에 받은 검사 결과가 크게 다르지 않을 것이다. 외부 환경의 변화는 당연히 외로움에 영향을 미치지만 상당수가 느끼는 외로움은 인생의 극적인 변화가 무색하리만치 늘 거의 일정한 수준을 유지한다. 이 사실로 미루어 보건대, 그들의 외로움은 외부 상황보다 개인의 기질에 더 좌우되는 듯하다.

이미 언급한 대로 외로움은 주위에 사람이 얼마나 많이 있는가보다는 사회적 상호 작용으로 애착 욕구가 충족되는가――사회적 상호 작용이 의미 있게 느껴지는가, 무의미하게 느껴지는가――로 예측될 수 있다.[24] 외로운 사람들은 여느 사람들과 신체적 매력이나 지성적인 면에서 별 차이가 없다. 그들은 외롭지 않은 이들과 다를 바 없이 일상 활동을 한다. 젊은 사람들은 또래 집단보다 알코올 소비가 적을 때 외로움을 경험할 확률이 높지만 중년층부터는 오히려 술을 많이 마시고 건강에 해로운 음식을 자주 먹고 운동을 덜 하는 사람들의 외로움 수준이 더 높다.[25]

외로운 사람들도 사교술이 보통 사람들에 비해 결코 부족하지 않다고 주장하는 연구가 있는 반면, 그들은 사교술이 부족하다고 주장하는 연구도 있다.[26] 성격심리학에서 말하는 5대 성격 특성으로 살펴보자면 외로움은 외향성, 친화성, 성실성, 신경증과 약간의 상관관계가 있는 것으로 보인다.[27] 반면에, 개방성은 외로움에 아무 영향을 미치지 않는 듯하다. 그리고 외로운 사람들이 그렇지 않은 사람들에 비해서 대인 관계 현상을 부정적으로 보는 경향이 있다는 점은 웬만큼 충분히 입증되었다.[28] 외로운 사람들은 자기 자신과 타인 모두를 부정적으로 보는 편이다.[29] 솔 벨로가 쓴 「허조그」의 외로운 작중 인물 허조그는 문학에서 볼 수 있는 뚜렷한 일례가 아닐까. 허조그는 부치지도 않을 편지를 마음속으로만 쓰면서 기나긴 시간을 보낸다.[30] 그 편지의 수신인들은 가족, 친구, 유명인사, 그 외 여러 인물인데 상당수는 이미 죽은 사람들이고 더러 그가 한 번도 만나보지 않은 사람도 있다. 허조그의 편지에는 자기 자신과 타인들에게 느끼는 실망감이 반복적으로 드러난다. 허조그는 본인을 포함해서 세상 모두가 미흡하기 짝이 없음을 강박적으로 확인하는 편집광이라고 할 수 있다.

외로운 사람들은 자기가 남들보다 못하고 매력이나 사회적 능력이 떨어진다고 생각하는 경향이 있다. 또한 자기의 현재 모습과 자기가 되고자 하는 모습 사이의 괴리가 외롭지 않은 사람들에 비해 더 큰 편이다.[31] 외로운 사람들은 타인들에게도 좀 더 부정적으로 지각되는데, 특히 외롭지 않은 사람들보다 외로운 사람들에게서 그런 평가를 받는다.[32] 이 말인즉슨, 외로운 자를 가장 부정적으로 인식하는 사람은 다른 외로운 자다. 외로운 두 사람이 만나서 그들이 함께 외로움을 극복할 가능성은 아주 낮다. 외로운 사람들은 자신의 사회적 환경을 상당히 위협적으로 느낀다.[33] 그리고 좀처럼 타인을 의지와 도움이 되는 존재로 간주하지 않는다.[34] 그래서 심하게 외로움을 겪는 사람은 힘든 상황에서 남들에게 정서적 지원이나 실질적 도움을 청하지 못하고 자기 혼자 끙끙 앓기 십상이다.[35] 외로운 이들은 그렇지 않은 이들에 비해 남을 돕는 일에 소극적이다.[36] 또한 타인에 대한 감정 이입 능력도 다소 떨어진다.[37]

외로운 사람들은 대화를 나누면서도 자기 얘기를 많이 하고 상대에게 질문은 많이 하지 않는 편이다.[38] 스피드 데이트(speed date)* 상황에서 외로운 사람들은 그렇지 않은 사람들에 비해 참여가 적극적이지 않고 즐거워하는 기색도 덜하다.[39] 그들은 타인을 알아가는 과정을 어려워하는 듯 보인다.[40] 그들은 외롭지 않은 이들에 비해 좀 더 자기중심적이다.[41] 그렇지만 자기 자신에게 더 관심을 쏟는 개인들은 타인들의 시선에 전적으로 의존한다. 그들은 오직 타인의 시선을 확보함으로써만 자기 존재를 확인한다. 그럼에도 외로운 사람들은 자기 자신하고든 타인들하고든 진실한 관계를 맺지 못한다. 그들은 타인들의 눈에 비치는 자기 모습만을 만난다. 그래서 타인들은 그들이 자기 모습을 비춰보는

---

* 한 장소에서 자리를 옮겨가며 주어진 시간 동안 이성들과 대화를 나누고 서로 마음에 드는 상대를 찾는 싱글 파티 방식.

거울에 불과하다. 그러므로 자기 자신에게 빠져 지내는 사람은 외로움을 삶의 일부로 받아들이는 사람보다 한층 더 외롭다. 외로운 자는 사회적 영역을 두려워하고 이 두려움을 두려워한다. 자기는 결코 소셜 게임을 터득하지 못할 거라고 두려워하며 다른 누구에게 의지하기를 힘들어한다. 나아가, 외로운 이들은 자기들이 피해자라고, 자기들의 인정 욕구를 타인들이 무시하기 때문에 고통을 받는다고 생각한다. 하지만 실상은 외로운 이가 먼저 타인의 역할을 그러한 확신을 제공하는 역할로 축소한 것이다. 궁극적으로는 그 사람이 남들에게 관심이 없는 것이고, 바로 그 이유 때문에 그 사람은 외로운 것이다.

장기간의 외로움이 반사회적 행동 양식을 낳는다고 생각해볼 수도 있다. 그로써 외로움은 더욱 가중되고 사회적 관계에 대한 실망감이 장기간에 걸쳐 객관적인 현실이 된다. 외로운 사람들은 관계를 맺어도 파트너의 칭찬을 의심스러워하는 반면, 막연히 파트너가 좋지 않은 감정을 억누르고 있을 거라고 믿는 경향이 있다.[42] 그들은 자기 친구에 대해서도 자기와 친구는 다른 점이 더 많다고 생각하는데, 바로 이런 점이 외롭지 않은 사람들과는 다르다.[43] 하지만 자기가 남들과 다르다고 생각하는 사람은 남들을 좀 더 부정적으로 보게 마련이다. 예를 들어 같은 집단에 속한 이의 미소는 친근하게 받아들여도 집단 외 사람의 미소는 위협적인 것으로 간주되곤 한다.[44] 그렇지만 자기가 남들과 다르다고 생각하는 사람들은 자기가 오해받는다는 기분을 자주 느낄 뿐 아니라 우울증에 시달릴 확률도 더 높다.[45] 게다가 고질적으로 외로움에 시달리는 사람은 그렇지 않은 사람에 비해 대인 관계에 대한 기대치도 더 높다.[46] 외로운 사람은 그렇지 않은 사람에 비해 긍정적인 사회적 경험에서 느끼는 만족을 덜 드러낸다.[47] 제2장에서 다루었던 바와 같이 외로운 사람은 사회적 완벽주의를 표방하는 경향이 있고 사회적 상호 작용에 있어서 자기 자신에게나 타인에게나 요구 수준이 높다.[48]

크리스티네 네스의 소설 「그저 한 인간(Bare et menneske)」(2014)에서 외로운 인물의 전형을 찾아볼 수 있다. 주인공은 베아 브리트 비케르라는 50대 여성 작가인데 오슬로 서쪽 지역에서 혼자 외로이 살아가고 있다. 이혼한 전남편 크누트와의 사이에서 아이가 둘 있지만 그녀는 외로움이 그들을 모두 떼어놓았다고 말한다.[49] 그녀는 늘 자기 인생에 남자가 있기를 원하지만 "성생활의 진성기를 심각한 문세와 결함이 있는 사람늘에게" 낭비해버렸다고 불평한다.[50] 과거의 연애사는 "문제의 남자에게 척추, 판단력, 혹은 그 어떤 것이 빠져 있었다는" 사실을 간과한 탓에 자신이 홀라당 넘어갔던 '픽션'으로 일축된다.[51] 그녀는 가끔 오랜 친구들과 전화 통화를 하거나 함께 와인 한잔을 마시면서 "일종의 사회생활"을 하고 있다고 말하지만 실상은 그중 누구와도 가깝게 지내지 않는다.[52] 그녀는 자기에 대한 관심이 충만하고 자기 연민에 빠져 살지만 그러한 특징들에 대해서 자기비판적이기도 하다.[53] 그렇다고는 해도 주인공은 자기 자신보다 남들에게 더 비판의 날을 세운다. 베아 브리트가 생각하기에, 현실의 관계는 마땅한 관계의 기준에 미치지 못한다. 그녀는 사랑이 전부가 되어야 한다고 생각하지만 그 전부가 과연 어떤 것인지는 알지 못한다.[54] 요컨대, 베아 브리트는 혼자라서 외로운 사람이라기보다는 원래 외롭기 때문에 혼자인 사람이다.

외로운 사람들이 그렇지 않은 사람들과는 달리 사회적 정보를 잘 처리하지 못해서 외로울 것이라는 가설이 이전 연구에서 나온 적 있다. 그렇지만 이 가설은 틀렸다. 실제 연구들에서는 외로운 사람이 오히려 그렇지 않은 사람들보다 누군가의 사회생활에 대한 블로그를 읽고서 사회적 정보를 파악하고 기억하는 능력이나 다양한 표정 사진을 보고 감정을 파악하는 능력이 훨씬 더 뛰어나다는 것을 보여주었다.[55] 실제로, 외로운 사람이 사회적으로 과민하고 그러한 과민성 때문에 사회적 참여가 곤란할 수도 있다. 외로운 이들은 또한 다른 사람들이 자기를 어떻게 지각하느냐에도 관심이 더 많은 경향이 있다. 생각이 많으면 즉각적이고 자연스러운 태도가 나오기 힘들기 때문에 그런 점이 그때그때의 사회적 상황에 온전히 임하는 데 방해가 될 것이 분명하다. 외로운 이들은 타인의 태도에서 거부의 표시를 찾으려 들고, 그렇기 때문에 그러한 표시를 더 많이 찾아내고 더 강하게 반응하는 경향이 있다.[56] 무해한 말과 행동도 곧잘 공격적인 것으로 잘못 해석되고 이처럼 지각된 공격성이 외로운 사람 측의 공격성과 맞부딪친다.[57] 그 결과, 사회적 영역은 막대한 위험을 품은 것

처럼 보이고 외로움은 고통스러울망정 안전한 선택지가 되는 것
이다. 외로움은 이런 식으로 사회 회피 전략들을 야기한다. 외로
운 이들은 타인을 좀체 긍정적 관계의 잠재 대상으로 보지 않기
때문에 타인과 애착을 형성할 수 있을 법하지 않은 전략을 택하
곤 한다.[58]

제 4 장

외로움과 신뢰

Loneliness and Trust

신뢰와 존경을 느낄 수 있는 사람이 있는 동안은 어떤 영혼
도 절망하지 않는다.

조지 엘리엇, 『로몰라』

　　외로움과 전반적인 신뢰가 뚜렷한 반비례 관계에 있음을 보여
준 연구들이 다수 있다. 사람을 잘 믿는 사람일수록 덜 외롭다.
사람을 믿지 못하는 사람일수록 더 외롭다.[1] 이 인과 관계의 성
격을, 혹은 인과 관계가 과연 있는지를 파악하기는 어렵다. 하지
만 신뢰하지 못하는 태도가 외로움을 불러오는 것이지 그 반대
는 아닌 것으로 보인다.[2] 외로움과 신뢰의 연관성은 개인 수준에
서나 국가 전체를 살펴볼 때에나 늘 뚜렷이 나타난다.

　　노르웨이와 덴마크의 비교 연구에서는 타인들에 대한 신뢰가
이 두 국가에서 경험하는 외로움의 차이를 설명하는 결정적 요
인임을 보여주었다.[3] 소설가 폴 오스터가 「고독의 발명」에서 자기
아버지의 한없이 깊은 고독을 묘사하면서 아버지가 자기 자신을

포함해 그 누구도 믿지 못하는 사람이었다는 사실을 강조한 점은 주목할 만하다.[4] 남들을 믿는 능력과 애착을 발전시키는 능력은 밀접하게 이어져 있다. 제3장에서 보았듯이 외로운 사람들은 자기가 처한 사회적 환경을 대단히 위협적인 것으로 해석한다.[5] 그들은 타인을 의지할 만하고 도움이 되는 존재로 보는 경향이 외롭지 않은 사람들보다 덜할 뿐 아니라[6] 타인을 자기와 비슷하게 보는 경향도 훨씬 덜하다.[7] 그런데 사람들 간의 유사성이 신뢰를 다지는 초석이라는 사실은 이미 연구를 통해 잘 알려져 있다. 우리와 비슷한 사람—적어도, 우리와 비슷하다는 생각이 드는 사람—은 훨씬 쉽게 믿음이 간다. 자기가 다른 사람들과 영 다르다고 생각하는 사람들은 타인을 믿는 능력도 떨어질 것이다.

신뢰는 느낌, 지각, 믿음, 관계, 행동 등 여러 면으로 기술되어왔다. 그러한 기술들 전체가 신뢰의 중요한 면을 포착한다. 사람을 전혀 믿지 못하면서 살 수 있는 사람은 없다. 토마스 아퀴나스나 존 로크 같은 철학자들도 신뢰 없이는 인간의 삶이 불가능하다고 제대로 지적해주었다. 게오르크 지멜은 인간들이 서로 신뢰하지 않으면 사회가 그냥 와해될 것이라고 했다.[8] 우리는 일상의 거의 모든 상황에서 타인에게 의지한다. 예를 들어 나 아닌 저 사람들이 자살폭탄 테러범들은 아니라든가, 사람들이 일반적으로는 거짓이 아닌 진실을 말한다든가, 그런 식으로 타인들을 믿고 사는 것이다. 이런 유의 신뢰가 없다면 우리는 아무것도 할 수 없다. 게다가 신뢰가 없으면 신뢰를 전제로 하는 행동들이 나오기 어렵다. 하지만 불신은 신뢰보다 부담이 크다. 늘 경계를 늦추지 않고 자기 행동과 타인들의 행동을 감독하면서 그들의 의도가 나의 욕망과 충돌할 법한 조짐을 찾아내는 것은 여간 피곤한 일이 아니기 때문이다. 영화 「스카페이스(Scarface)」(1983)의 주인공 토니 몬타나 같은 태도로 인생을 살아가려면 얼마나 힘든지 모른다. "내가 누구를 믿느냐고? 나를 믿지!"

신뢰의 문화

신뢰와 외로움의 관계는 개인과 국가 두 수준 모두에서 관찰된다. 국민들의 대인간 신뢰도가 높게 나타난 국가들에서는 일관되게 외로움 수치가 낮게 나오고, 대인간 신뢰도가 낮게 나타난 국가들에서는 외로움 수치가 높게 나온다. 이 점이 북유럽 국가들에서는 외로움의 출현율이 낮은 반면 이탈리아, 그리스, 포르투갈 등의 국가에서 외로움의 출현율이 높은 현상을 가장 잘 설명해주는 듯하다. 비슷한 맥락에서, 동유럽의 과거 공산주의 체제국가들에서는 매우 낮은 대인간 신뢰도와 매우 높은 외로움 수치를 보여준다. 나는 동독과 서독의 외로움 출현율을 비교한 연구는 찾지 못했지만 과거 동독에 속했던 지역들에서 대인간 신뢰도가 현격히 낮게 나온 것으로 보아 그 지역들에서 외로움 출현율이 높을 것이라는 주장은 일리가 있다.

노르웨이와 덴마크에서는 국민 대다수가 타인들은 대부분 의지할 만하고 답했지만 브라질과 터키 국민들의 경우 이렇게 답변한 응답자는 10%에 불과했다.[9] OECD 조사에 따르면 노르웨이와 덴마크 국민 10명 중 9명은 타인에 대한 신뢰가 '높은 수준'이었으나 그리스와 포르투갈에서는 10명 중 4명만 이 수준을 나타냈다.[10] 중국에서 외로움을 주제로 진행한 연구들은 거의 없지만 이 나라의 외로움 출현율이 꽤 높을 거라고 믿을 만한 이유는 있다.[11] 신뢰와 외로움의 반비례 관계는 개인과 국가 양쪽 모두에서 나타난다. 물론, 언제나 그렇듯 예외는 있는데 가장 뚜렷한 예가 일본일 것이다. 일본은 대인간 신뢰도가 굉장히 높게 나타나는 국가임에도 불구하고 외로움 출현율도 매우 높다.

서양 사회가 신뢰의 위기를 겪고 있다──이 문제에 대해서라면 다른 지역들도 별 수 없지만──는 식으로 말하는 이들이 많지만, 신뢰 수준이 전반적으로 하락했다는 증거는 별로 없다. 물론 그러한 수준은 시대에 따라서, 영역에 따라서 변한다. 일례로 경제 위기는 금융 기관에 대한 신뢰 하락을 촉발했다. 경제 위기는 많은 국가에서 공권력에 대한 신뢰도 떨어뜨렸지만 스위스나 이스라엘 같은 일부 국가에서는 오히려 공권력에 대한 신뢰가 높아지는 현상이 나타나기도 했다.[12] 한편, 보편적인 신뢰의 하락, 즉 우리 인간들이 전체로서 서로에게 느끼는 신뢰──외로움 문제에서는 바로 이 형태의 신뢰가 중요한데──가 하락했다고 말할 수 있는 근거는 없다. 예를 들어 북유럽 국가들을 보자면,

전반적인 신뢰도는 원래도 높았는데 수십 년 전부터 더욱 증가했다.[13] 신뢰는 당연히 위협을 받고 있지만—신뢰는 깨지기는 쉽고 수립하기는 어려운 것이라는 이유 하나만으로도 '항상' 위협받는다—신뢰가 과거보다 오늘날 특히 더 위협받고 있다고 믿을 만한 근거는 없다.

국가 내에서 높은 신뢰 수준을 수립하는 열쇠가 과연 무엇인가를 두고는 의견이 분분하다. 건실한 법치, 강력한 시민 사회, 부패 척결, 문화적 동질성, 번영, 경제적 평등 등 매우 많은 요인들이 작용한다.[14] 게다가 국민들의 교육 수준이 높으면 신뢰 수준도 높다. 또한 개인주의와 보편적인 신뢰 사이에는 명확한 상관관계가 있는 것으로 보인다. 신뢰는 집단주의 사회보다는 개인주의 사회에서 더 높게 나타난다. 힘이 약한 정부, 권력이 부패한 정부는 개인이 권리를 보호받기 위해 마음 놓고 의지할 수 없다는 점에서 국민들의 보편적인 신뢰에 파괴적인 영향을 끼친다.[15] 사회적 차별도 극히 부정적인 영향을 끼친다. 노르웨이인들의 토론에서 높은 신뢰 수준이 복지에서 비롯된다는 식의 주장은 아주 흔하다. 그렇지만 안드레아스 베리와 크리스티안 비외른스코우의 연구에서는 사실은 인과 관계가 정반대라고 주장한다. 노르웨이의 복지는 신뢰가 바탕이 되었기 때문에 가능했다는 것이다.[16] 이 연구 결과가 복지 국가의 발전이 차후의 신뢰 수준에 이로운 효과를 끼칠 가능성을 배제하지는 않지만, 어쨌든 신뢰가 복지에 끼치는 영향이 더 주된 흐름이라는 얘기다. 베리와 비외른스코우는 77개 국가를 연구 조사한 결과, 국가의 역사적 신뢰 수준을 보고 복지 규모를 예측할 수 있다는 주장을 내놓았다. 그들은 특히 150~170년 전에 스칸디나비아에서 미국으로 건너간 이민자들의 자손 세대에 주목함으로써 주장을 입증하고자 했다. 이 자손 세대의 신뢰 수준은 미국 일반 인구의 신뢰 수준보다 월등히 높게 나타났다.

전체주의에서의 외로움

한나 아렌트는 정치적 전체주의를 분석하면서 외로움을 다룬 바 있다. 전체주의는 자유로이 상호 작용을 할 수 있는 개인들 간의 공간을 파괴한다. 또한 사회적 공간을 파괴함으로써 사적인 것과 공적인 것의 구분까지 없애버린다. 전체주의는 조직화된 외로움이다.[17] 아렌트는 전체주의 체제가 민중들 사이에 외로움을 낳는다는 점은 제대로 보았지만 그 이유까지도 정확하게 설명했다고 보기는 어렵다. 아렌트 분석의 약점은 그녀가 "신뢰하고 있고 신뢰할 가치가 있는 […] 평등한"[18] 관계의 중요성을 언급하면서도 정작 논의에서는 신뢰를 다루지 않았다는 것이다.

아마도 역사상 타인을 신뢰하기가 가장 어려웠던 사회는 1930년대 소비에트 연방이었을 것이다.[19] 이 사회에서는 기본적으로 아무도 믿을 수 없었고 누구에게도 신뢰를 얻을 수 없었다.[20] 누가 비밀경찰의 정보원인지 알 도리도 없었고, 무고한 사람이 언제라도 체포당해 감옥에 가거나 강제 노동 수용소로 끌려갈 수도 있었다. 시민들은 자기가 믿을 만하다는 사실을 체제에 입증해야 했기에 자기들끼리는 서로 믿을 수가 없었다.[21] 1930년대에 반대파 '숙청'은 걷잡을 수 없이 파행으로 치달았고 질서의 모양새를 취하기 위해 신고되는 '반동분자' 할당 인원은 반드시 채워야만 했다. 하지만 우표 수집을 한다는 이유만으로도 신고를 당하기에 충분했으니, 당장 다음 주에 누가 이 할당 인원에 해당될지 예측 불가한 상황이었다. 이러한 사회에서는 자기를 너무 많이 드러내지 않는 것이 무엇보다 중요했다. 얼핏 보아 전혀 위험하지 않은 상황에서도 단어 선택이나 자기 의사를 표현하는 방식에 극도로 유의해야만 했다. 가장 안전한 처신은 사람들과의 접촉을 최소화하는 것이었다.

현대 사회에서 강력한 법치는 신뢰의 필수적인 전제 조건이다. 아렌트는 1951년 9월 3일에 쓴 글에서 그 점을 강조했다.

정치는 최소한의 신뢰를 보장하기 위해 존재한다. 법은 이러저러한 행위를 하면 이러저러한 결과가 발생한다고 진술한다. 합의는 네가 이러저러한 것을 충족할 때 나도 이러저러한 것을 충족하겠다고 말한다. 법과 합의는 예측할 수 없는 것들 사이에 예측 가능성의 얼개를 마련한다. 도덕도 같은 역할을 한다. 따라서 도덕에 의지하기가 힘들수록 정치와 제도는 냉혹하다. 세계가 확대

되면서 다양한 도덕률이 서로 충돌하고 상대화되는 시대의 정치와 제도가 냉혹한 것이다.[22]

안타깝게도 아렌트는 전체주의 사회 속에서의 외로움을 분석할 때 이 통찰을 활용하지 않았다. 그 때문에 그러한 분석의 맥락에서 전체주의가 외로움을 낳는 이유를 파악하기가 어렵다.

사실, 아렌트의 분석이 『전체주의의 기원』(1951)에서 『인간의 조건』(1958)까지 이어진다는 점을 반드시 짚고 넘어가야 한다. 『인간의 조건』에서 아렌트는 전체주의를 특징짓는 외로움이 현대 대중 사회에서 일반적으로 느껴지며, 현대 대중 사회에서 외로움은 사적인 것과 공적인 것의 구분이 와해된 탓에 "더없이 극단적이고 더없이 비인간적인 형태를 띤다."라고 주장했다.[23] 이 점에 있어서 아렌트의 진단은 잘못됐다. 더구나 그녀가 자기주장의 근거로 참조한 저작은 데이비드 리스먼, 네이선 글레이저, 루일 데니의 『고독한 군중』(1950)이 전부다. 현대 대중 사회의 특징이 공적인 것과 사적인 것의 구분이 와해된 것이라는 지적은 타당하지만 이러한 와해는 전체주의 사회에서 발견되는 것과 완전히 종류가 다르다. 현대 대중 사회에서는 공사의 구분이 와해된다고 해서 그와 동시에 개인들 사이의 자유로운 상호 작용 공간이 폐쇄되지는 않기 때문이다. 따라서 이러한 와해가 사람들의 상호 신뢰에 미치는 영향도 전체주의 사회의 경우와 다르고, 외로움에 미치는 영향 또한 다르다. 신뢰와 대인 관계라는 면에서 보자면 민주주의 사회와 전체주의(혹은 권위주의) 사회 사이에는 엄청난 차이가 있다. 아리스토텔레스가 우정이 참주정에서는 작게 존재하지만 민주정에서는 크게 존재한다고 말했을 때에는 이미 이런 점을 내다보았던 것이리라.[24]

사람들 사이의 상호 작용에 대한 신뢰

신뢰가 외로움 문제에서 결정적 역할을 하는 이유는 그리 어렵지 않게 알 수 있다. 신뢰의 결여는 조심스러운 태도를 낳고, 그러한 태도는 타인과의 애착 형성에 중요한 직접성을 망친다. 조지 엘리엇의 「미들마치」에서 볼 수 있는 대로다. "그는 그녀의 애정을 신뢰하지 않았다. 어떤 외로움이 불신보다 더 외로우랴?"[25] 불신은 사람을 완전히 고립시킨다.

사람은 누군가에게 신뢰를 드러낼 때 취약해진다. 특히 자기에게 중요한 대상에게 신뢰를 드러낸다면 아주 상처 입기 쉬운 상태가 된다. 그들에게 비밀을 털어놓는다면 그 정보는 이제 통제할 수 없는 것이 된다. 그들과 관계를 맺으려 시도한다면 거부당할 위험을 감수해야 한다. 그래서 남을 잘 믿는 사람들을 순진해 빠졌다고 치부해버리고 싶을 만도 하다. 그렇지만 남을 잘 믿는 사람들이 실제로는 타인의 성격과 의도를 더 정확하게 평가한다고 볼 만한 증거도 있다.[26] 게다가 그들은 타인을 평가하면서 좀 더 미묘한 차이를 파악하고 신속하게 반응하기 때문에 타인과의 상호 작용도 한결 원활하게 진행할 수 있다.

신뢰는 대인 관계의 불확실성과 관련된 문제를 풀어준다. 타인들과의 상호 작용에는 늘 위험이 따르기 마련이다. 저 사람이 지금 무슨 생각을 하는지, 혹은 저들이 뭘 하려고 하는지, 그런 건 우리가 결코 확실히 알 수가 없다. 물론 엄밀히 말하자면 나는 내가 무슨 생각을 하고 뭘 하려고 하는지조차 확신하지 못하지만, 그건 별개의 문제다. 가까운 친구나 가족과의 관계에서는 그러한 위험을 간과하기 쉽다. 사실 이 위험을 고려하지 않아도 되는 우정이 아니라면 진짜 우정이라고 할 수도 없다. 특정인의 모든 면을 믿을 수 있어야 한다는 얘기가 아니다. 내 친구에게 나의 뇌 수술을 맡길 수는 없어도 내 아이를 잠시 봐달라고 부탁할 수는 있다. 그래서 라 로슈푸코가 말한 다음 문장에는 통찰이 담겨 있다. "내 친구들에게 속는 것보다 그들을 믿지 못하는 것이 더 부끄러운 일이다."[27] 내가 그들을 불신한다면 나는 그들의 진정한 친구가 아니다. 내가 그들의 진정한 친구가 아니라면 농락을 당해도 뭐라 할 말이 있겠는가. "우리 자신의 불신이 타인들의 기만을 정당화한다."[28]

프랜시스 후쿠야마의 말대로, 불신은 인간의 상호 작용에 드는 '거래 비용'을 높인다고 할 수 있다.[29] 상호 작용의 거래 비용이 높아지면 더불어 사는 삶은 힘들어진다. 물론 일말의 신뢰 없이는 생존 자체가 불가능하므로 모두가 서로 웬만큼 신뢰를 보이기는 할 것이다. 하지만 신뢰에는 정도와 차이가 있다. 그러므로 덴마크의 철학자이자 신학자 K. E. 로이스트루프가 『윤리적 요구』(1956)에서 명확한 이분법으로 이 문제에 접근한 것은 오해를 낳을 소지가 있다.

인간의 삶이 지니는 특징은, 일반적으로 서로를 타고난 신뢰로 대한다는 것이다. 진즉부터 아는 사이가 아니라 완전히 낯선 사람들끼리도 그렇다. 우리는 일부 특별한 상황에서만 낯선 이를 처음부터 불신한다. (……) 우리는 애초부터 서로의 말을 믿는다. 애초부터 서로를 신뢰하는 것이다. 이상하게 보일 수도 있겠지만 이것이 인간으로서 존재한다는 의미의 일부다. 그렇지 않고서는 인간의 삶 자체가 존재하기 어렵다. 그렇지 않고서는 아예 우리가 살 수가 없다. 우리가 미리부터 서로를 불신한다면, 우리가 출발점에서부터 상대방이 도둑질하고 거짓말을 할 것이라고 의심하고 나선다면 인간의 삶은 삐걱대고 말라 죽을 것이다. (……) 그렇지만 신뢰는 자기 자신을 열어놓는 것이다.[30]

로이스트루프는 신뢰가 인간 실존의 기본 특징이라고 강조한다. 그리고 이 지적은 분명 정확하다. 선천적인 신뢰가 없다면 인간은 성장하지 못한다. 그렇지만 모두가 똑같은 정도로 남들을 믿지는 않는다. 불신을 타인이 나를 배신할 것이라는 믿음과 연결 지을 필요는 없으며 차라리 타인이 나를 좋아하지 않거나 받아들이지 않을 수도 있다는 생각 정도로 보아야 할 것이다. 남들을 전반적으로 잘 믿지 못하는 사람들은 타인을 꼭 사악하게 본다기보다는 '위험하다'—자기에게 상처를 '입힐 수도' 있다—고 생각한다 하겠다. 사람을 잘 믿지 못하는 이들이 개인적인 정보를 잘 드러내지 않는 이유는 부정적 반응이 두렵기 때문이요, 다른 사람들이 그 정보를 퍼뜨릴까 봐 두렵기 때문이리라. 이 가설은 외로운 사람들은 사교술이 부족할 것이라는 가설과 완전히 별개다.

또한 두려움과 불신은 스스로를 지속시킨다. 불신은 더 큰 불신을 조성한다. 여러 가지 이유가 있지만 애초에 불신을 품은 개인은 타인을 신뢰하는 법을 배울 수 있는 상황으로부터 고립되기 때문이다. 외로운 사람들은 그렇지 않은 사람들에 비해 자신의 사회적 환경을 훨씬 더 위협적으로 지각한다.[31] 그리고 이 두려움은 다시 두려움을 완화할 수도 있을 바로 그것, 즉 인간적 접촉을 방해한다. 사회적 두려움은 타인들과 직접 접촉하는 데 방해가 되고 결과적으로 사회적 관계를 망친다. 신뢰가 부족하면 외로움이 생기는가, 아니면 그 반대인가? 아니면, 신뢰 부족과 외로움이 상호 강화 관계에 있는가? 확실히 규정하기는 어려운 문제이지만 외로움 때문에 사람을 못 믿는다기보다는 낮은 신뢰 수준이 외로움을 낳는다는 가정이 더 타당해 보인다.[32] 미국 학생들을 대상으로 한 어느 연구에서는 낯선 사람을 믿어선 안 된다고 교육받은 학생들이 어른이 되어서 외로움을 더 많이

경험한다는 것을 입증했는데, 특히 이러한 영향은 남성보다 여성에게서 더 두드러지게 나타났다.[33]

진중한 신뢰는 늘 위험에 대한 자각과 함께하므로 일말의 불신을 포함한다. 진중한 신뢰는 분명한 선을 두고 그때그때의 사정을 참작한다. 진중한 신뢰는 자기가 어떤 위험을 무릅쓰거나 상처받을 수도 있음을 받아들인다는 조건에서만 가능하다. 그렇지만 우리는 신뢰를 보여줄 때 그러한 노출 혹은 취약성이 악용당하지 않을 거라고 추정한다. 상대를 믿을 때는 상대를 믿지 않을 때에 비해 상대의 말과 행동을 훨씬 더 긍정적인 방향으로 해석한다.[34] 반면, 불신하는 입장에서는 모든 것을 나쁜 쪽으로 해석하는 경향이 있기 때문에 상호 의존을 배울 수 있는 인간관계에 진입하기가 힘들다. 여러분이 남들을 잘 믿지 못한다면 상호 작용을 제한할 수밖에 없을 것이요, 결과적으로 사람들은 믿을 만하지 않다는 여러분의 생각을 뒤엎을 기회도 그만큼 줄어들 것이다. 불신은 자기를 벗어나 밖으로 뻗어나가는 데 방해가 된다. 타인들을 향해 문을 닫는 사람은 자신을 문 안으로 가두는 셈이다. 그런 사람에게는 외로움이 따라올 가능성이 아주 크다.

제 5 장

외로움, 우정, 사랑
Loneliness, Friendship and Love

때때로 당신은 몹시 외로워지지.

때때로 당신은 아무런 진전을 못 보지.

나는 온 세계를 살았고

모든 곳을 떠났네.

내 사람이 되어줘.

내 삶을 함께해줘.

나와 있어줘.

내 아내가 되어줘.

데이비드 보위, 「내 아내가 되어줘(Be My Wife)」, 앨범 『로(Low)』(1977)

사랑과 우정을 표현할 수 있는 자만이 외로움을 느낄 수 있다. 다른 한편으로는, 외로움을 느낄 수 있는 사람만이 사랑을 할 수 있다거나 누군가의 친구가 될 수 있다는 말도 일리가 있다.

외로움은 모든 사회적 공간에 깃든다. 어떤 경험을 다른 사람들과 공유하더라도 그 경험의 어떤 면은 오로지 나에게만 속하기 때문에 다른 사람들에게는 완전하게 전달할 수 없다. 여러분이 절망하고 있을 때 절망에 빠졌다는 사실은 말로 표현할 수 있지만 그 절망을 '어떻게 느끼는지' 완벽하게 전달하기란 불가능하다. 여러분이 귓병을 앓아서 그 얘기를 다른 사람들에게 했다치자. 만약 그들도 귓병을 앓은 적이 있다면 무슨 얘기인지 이해하고 여러분에게 감정 이입을 할 수 있을 것이다. 그렇다고 해서 그들이 여러분의 귓병이라는 경험을 '공유할' 수 있는 것은 아니다. 이러한 경험은 우리와 타자들 사이에 극복할 수 없는 거리가 있음을 보여준다. 나는 우리가 반드시 타자보다는 자기 자신을 철저하게 안다고 말하려는 것이 아니다. 우리는 경악스러우리만치 자기기만에 능하기 때문에 결코 그렇게 말할 수 없다. 예를 들어, 자기 자신에게 완전히 정직하려고 애쓸 때만큼 설득력 있게 거짓말을 하는 때는 없다. 그렇지만 우리 자신을 아는 방식은 적어도 타자를 아는 방식과는 다르다. 타자를 피할 때는 신체적으로 거리를 두거나 정신적으로 차단하는 방법을 쓴다. 그러나 우리는 자기 자신을 피할 수 없다. 일이나 놀이에 전념하는 잠시 동안이라면 모를까, 언제까지나 자기 자신에게서 도망갈 수는 없다. 자기 자신과 관계 맺는 방식은 타자들과 관계 맺는 방식과 다르다. 그리고 자의식의 상당 부분은 자기 자신이 타자들과 분리되어 있다는 바로 이 자각에서 비롯된다.

그렇지만 사랑과 우정이 환상적인 이유는 그것이 '다른 사람'과의 관계이기 때문이다. 그 다른 사람은 당연히 나와 분리되어 있으며, 단지 나의 분신이나 그림자가 아니라 나 자신을 확장하고 외부에서 나를 바라보는 시선을 제공함으로써 나 자신에게서는 결코 유래할 수 없는 검증을 수행한다. 다른 사람이 그저 나 아닌 다른 사람, 즉 '타자'라는 사실이 이 같은 유대를 가능케 한다.

우정과 사랑은 모두 그 나름의 사연이 있고 때로는 사연이 참으로 복잡하기도 하므로 내가 여기서 제대로 다룰 수는 없다.[1] 그보다는 우정과 사랑의 성격에 대한 몇 가지 주요한 생각들을 짚고 넘어가면서 그 생각들이 외로움과 관련하여 어떤 의미를 지니는지 말해보는 선에서 만족해야 할 것이다. 더욱이 1800년대까지는 일반적으로 우정이 인간이 누릴 수 있는 가장 가까운 관계였고 결혼은 나중에 가서야 그러한 역할을 맡을 수 있었다.

우정에 대하여

철학자들은 우정보다는 사랑에 대하여 더 많은 글을 썼고, 우정을 다룰 때에는 한결 차분하고 소박한 태도를 취했다. 모든 철학은 자기가 다루는 대상을 이상화하기 마련이다. 대상의 본질을 이해하는 것이 목표이니만큼, 철학은 대상을 가급적 명쾌하게 제시하고자 한다. 다시 말해, 사랑은 이 세상에서 실현될 수 없는 절대적인 것이 되었다. 반면에 우정은 좀 더 세속적인 방식으로 제시되는 편이다. 우정을 다루었던 가장 중요한 철학자로는 아리스토텔레스와 칸트를 들 수 있다. 이 두 철학자는 매우 상이한 방식으로 우정을 논했다(그들이 사회적 관계 양상이 극도로 상이한 사회에서 살았음을 감안한다면 그리 놀라운 일도 아니다.).

아리스토텔레스는 『정치학』 1권에서 다음과 같이 말했다. "인간이 꿀벌이나 군집 생활을 하는 그 어떤 동물보다 정치적 동물이라는 점은 분명하다. 우리가 주장한 대로, 자연은 허투루 하는 법이 없는데 동물들 가운데 오직 인간만이 말을 할 수 있기 때문이다."[2] 아리스토텔레스는 정치적 동물, 동종의 다른 개체들과 사회를 이루고 살아가는 동물이라는 인류의 특징이 말을 할 수 있는 능력과 불가분의 관계에 있다고 보았다. 우리는 서로 소통하는 관계 속에서 살아갈 필요가 있다. 게다가 인간은 그 어떤 동물보다 함께 살아가게끔 성장하기 때문에, 타인을 필요로 하지 않고 자급자족하기를 원하는 인간은 아예 인간이 아니라 "야수 아니면 신"이라고 할 만하다.[3] 아리스토텔레스는 여기서 더 나아가 친구를 "외부의 선(善) 중에서 가장 큰 것"으로 묘사하기도 했다.[4]

아리스토텔레스는 우정을 세 유형으로 구분했다. 각각의 유형에는 "그에 상응하는 애정이 있는데 이를 모르지 않아야 한다. 서로 사랑하는 사람들은 서로가 잘되기를 바라는데, 그들이 사랑하는 바로 그 관점에서 그렇게 되기를 바란다."[5] 그러나 유익에 근거한 우정은 서로에게 끼치는 이점에 따라 규정된다. 아리스토 텔레스는 유익에 근거한 우정은 쉽게 싹트고, 안타깝게도 더 깊은 우정과 혼동되곤 한다고 말한다. 게다가 유익에 근거한 우정은 지속되지 않는다. 그러한 우정의 기반이 되는 이점들은 인생의 부침에 따라서 얼마든지 변할 수 있기 때문이다. 그런 점에서 그러한 우정은 개인의 성격이 아니라 순전히 외부적인 것에 기반을 두기 때문에 붕괴하는 것이다. 그다음에는 즐거움에 근거한 우정이 있다. 어떤 이가 타자와의 친교를 편안하게 느끼는 경우, 예를 들면 함께 즐거운 시간을 보내려고 친구가 되는 경우다. 아리스토텔레스는 이러한 우정도 맺기는 쉬우나 쉽게 무너질 수 있음을 강조했다. 즐거움이라는 것 또한 쉽게 변할 수 있기 때문이다. 게다가 이 두 유형의 즐거움은 불완전하다. 반면에 그는 탁월성에 근거한 우정은 완전하다고 보았다.

　　가장 완전한 우정은 좋은 사람들, 탁월성이 비슷한 사람들 사이에 성립하는 우정이다. 그들이 좋은 사람인 한 그들은 서로가 잘되기를 똑같이 바라는데, 그들 자신이 좋은 사람들이기 때문이다. 그런데 친구를 위하여 그 친구가 잘되기를 바라는 사람이 최고의 친구다. 그들이 그러한 태도를 가지는 것은 결코 우연이 아니며 그들 자신을 이유로 한 것이다. 따라서 그들의 우정은 그들이 좋은 사람인 한 유지되는데, 탁월성은 지속적인 것이다.[6]

최고의 우정은 서로가 잘되기를 바라며 서로의 탁월성에 경탄하는 동등한 사람들끼리 탁월성을 근거하여 맺는 우정이다. 이러한 우정은 서로 친구가 되는 이들의 사람됨, 그들의 품성 자체에 깊이 뿌리를 내리고 있기 때문에 서로에게 끼치는 이익이나 즐거움이 달라지더라도 변함없이 이어진다. 그러나 아리스토텔레스는 이러한 우정이 요구하는 탁월성의 경지에 도달한 사람들이 드물기 때문에 탁월성에 근거한 우정도 몹시 드물다고 보았다.[7] 그러한 친구는 "또 하나의 자신"과도 같다.[8] 그러한 친구가 있는 사람은 가급적 많은 시간을 그와 더불어 보낼 것이요, 그러므로 탁월성으로 맺어진 친구의 수는 많을 수가 없다. 정도의 차이는 있으나 그러한 우정에는 평생을 바쳐야 하기 때문이다.

한편, 칸트는 우정을 상호적인 사랑의 최고봉으로 묘사했다.[9] 그는 열등한 우정의 두 형태를 간략히 다루었는데, 하나는 필요에 근거한 우정이고 다른 하나는 취향에 근거한 우정이다. 이 개념들은 상당 부분 아리스토텔레스가 말하는 유익에 근거한 우정, 즐거움에 근거한 우정과 비슷하므로 여기서 더 논하지 않겠다. 칸트는 그다음에 가치 있는 우정을 다시 둘로 구분하는데, 하나는 현실적으로 도달할 수 없고, 다른 하나는 불가능하지는 않지만 극도로 도달하기 힘들다. 첫 번째 유형, 즉 도달할 수 없는 우정에서는 서로 사랑하고 존경하는 두 사람이 평등해진다.[10] 칸트가 현실적으로 이 우정에 도달할 수 없다고 보는 이유는, 아무도 정말로 그 관계가 상호적이라고 확신할 수 없고 친구 사이의 균형이 무너질 잠재적 위험이 늘 있기 때문이다. 두 번째 유형, 즉 불가능하지는 않지만 극도로 도달하기 힘든 우정은 자기 생각, 비밀, 느낌을 서로에게 드러내고 서로 완전히 신뢰하는 우정이다.[11] 칸트가 썼듯이, "인간은 자신의 생각하고만 덩그러니 홀로 남기를" 원치 않는다. 그렇지만 정치, 종교, 다른 사람에 대한 생각과 느낌을 솔직히 털어놓는 것은 위험할 수 있다. 그래서 배신을 두려워하지 않고 비밀 이야기를 나눌 수 있는 상대를 원하게 마련이다. 그러므로 이러한 우정에서는 신뢰가 가장 중심을 차지하는 현상이다.[12] 더구나, 허심탄회함은 우정의 실존적인 기반이다.[13] 친구라면 모름지기 열린 자세로 서로의 생각과 느낌을 받아들이고 공감해주겠지만 자기 친구가 잘못된 길로 가고 있다고 생각될 때에는 비판을 할 수도 있다. 친구에 의한 교정은 우정의 중요한 기능이지만 가장 본질적인 것은 자기 자신을 개방할 수 있는 능력이다. 이러한 맥락에서 혹자는 이러한 우정도 상호적이라는 보장이 없기는 마찬가지인데 왜 칸트가 그나마 현실적으로 가능성이 있다고 보았는지 의문을 품을 수 있을 것이다. 하지만 칸트는 이 의문에 답을 주지 않았다. 어쨌든 칸트의 생각대로라면 인간은 소수의 좋은 친구들만을 가질 수 있다. 친구가 많을수록 개별적인 우정의 가치는 떨어지기 때문이다.[14] 그러나 아리스토텔레스가 말하는 탁월성에 근거한 우정과 달리, 칸트가 귀히 여기는 우정은 반드시 두 친구가 많은 시간을 함께 보낼 것을 요구하지 않는다. 상호간의 믿음이 있기 때문에 친밀함에 근거한 우정은 서로 오랫동안 떨어져 있어도 유지될 수 있다. 그래도 그러한 우정에는 제한이 있다. 함께 연주회를 가거나 테니스를 치는 등 많은 것을 함께 할 수가 없기 때문이다. 사실 이 친구들은 관심사를 공유할 필요도 별로 없을 것이다. 칸트가 말하는 우정도 유익에 근거한 것은 아니다. 칸트는 자기 짐을 친구에게 지우는 것보다는 자기가 지는 게 낫다고 말했다.[15] 우리가 그렇게 행동하면 우정을 망치는 셈이 되고 친밀함에 근거한 우정은 필요에 근거한 우정으로 변질된다. 그렇긴 해도 친구는 기꺼이 서로 도울 수 있어야 한다.[16]

칸트에게 우정은 우리의 '비사교적 사교성'에서 기인한 외로움을 해결하는 수단이다. 칸트는 『실용적 관점에서 본 인간학』에서 다음과 같이 썼다. 인간을 사회적 동물보다는 "이웃을 피하는 고독한 이"로 보는 것이 더 합당한 것처럼 보인다.[17] 하지만 인간은 그와 동시에 "시민 사회나 그 어떤 사회의 구성원이어야 할 필요"에 종속된다.[18] 칸트는 더불어 살고 싶어 하는 동시에 혼자 있고 싶어 하는 우리 안의 이원성을 강조함으로써 중요한 지적을 했다.

내가 말하는 적대감은 이러한 맥락에서 인간의 비사교적 사교성, 다시 말해 사회를 이루고 짝을 지어 함께 살고자 하면서도 이 사회를 붕괴시킬 수도 있는 저항을 지속적으로 유지하는 경향을 가리킨다. 이러한 성향은 명백히 인간의 본성에 기초해 있다. 인간은 사회를 이루고 사는 것이 좀 더 인간답다고 느끼기 때문에, 다시 말해 자신의 자연스러운 능력을 계발할 수 있다고 느끼기 때문에 그렇게 살려고 한다. 하지만 인간은 고립된 개인으로서 살고자 하는 경향도 두드러진다. 인간은 자기 안에서 매사를 자기 자신의 생각대로 휘두르고 싶어 하는 비사교적 특성을 자주 맞닥뜨리기 때문이다. 그는 자기 자신도 타자들에게 저항하는 경향이 있다는 것을 잘 알기에 주위 사방의 저항을 예상한다.[19]

칸트는 우리가 타자들에게 의미 있고 가치 있는 존재임을 보여주고 인정받기를 좋아한다고 지적했다.[20] 그가 말하는 '비사교적 사교성'에 의해 인간은 자기가 어떤 사람인지를, 나아가 자신의 가장 깊은 내면의 생각과 감정마저 보여주고 싶은 충동을 느낀다.[21] 사람들은 사회적 상태에서 자신의 가장 내밀한 사람됨을 드러내고 싶은 욕구가 있지만 그러한 행위에는 위험이 따르기 때문에 어느 한 사람, 혹은 선택된 극소수하고만 우정이라는 애착 관계를 맺고자 한다.[22] 칸트가 한 강의에서 지적했듯이 사람은 친구가 없으면 완전히 고립되고 만다.[23]

몽테뉴에게 눈을 돌려보면 그가 외로움을 찬양하지만[24] 우정을 "[사교의] 가장 완벽한 경지"라는 말로 더 높이 찬양한다는 것을 알 수 있다.[25] 몽테뉴 자신과 에티엔 드 라 보에티가 맺었던 우정이 그러한 우정의 모범이라고 할 수 있는데, 이 관계는 일반적으로 우정이라는 이름으로 이루어지는 관계와 완전히 다른 것으로 묘사되었다.

대체로 보통 친구 또는 우정이라 일컫는 것은 어쩌다, 혹은 의도적으로 맺어져 우리 마음에 약간의 영적인 사귐이 일어나는 친교와 친밀성에 불과하다. 내가 말하는 우정에서는 우리 마음이 아주 보편적인 혼합으로 뒤섞여 융합되기 때문에 연결의 이음매가 보이지 않을 정도다.[26]

우정에 대한 몽테뉴의 묘사는 플라톤의 『향연』에서 아리스토파네스가 사랑에 대해서 하는 말과 매우 흡사하다. 요컨대, 그러한 우정은 기어이 만나서 완벽한 일체를 이루기 위해 태어난 두 영혼의 관계다. 몽테뉴는 그들이 어떻게 "만나기 전부터 서로 찾고 있었는지", 그들이 얼마나 "서로를 열렬한 애정으로" 바라보았고 어떻게 "각자 오장육부까지 드러내놓은 애정으로 서로를 살펴주었는지" 말했다.[27] 게다가 완벽한 우정의 경우 여러 친구에게서 볼 수 있는 다양한 미덕이 단 한 명의 친구 안에 모여 있으므로 그 사람 이외에 다른 친구를 필요로 하지 않는다.[28] 따라서 그런 유일무이한 친구가 세상을 떠났을 때 몽테뉴가 극심한 충격을 받은 것도 당연하다. 그는 다음과 같이 썼다. "나는 이제 반쪽으로밖에 살아 있지 않은 것 같다."[29] 몽테뉴가 묘사한 우정의 현대적 형태는 감정의 친밀성을 근간으로 삼는다는 점에서 아리스토텔레스의 우정 개념과는 이질적이다. 그렇지만 혹자는 몽테뉴가 묘사한 우정이 사실은 낭만적인 애정 관계가 아니었을까 생각할 수도 있다.

아리스토텔레스가 말한 탁월성에 근거한 우정과 몽테뉴가 말한 이상적 우정은 모든 것을 온전히 바치기 때문에 친구 외에는 그 어떤 것도, 예를 들어 직업이나 가정도 양립이 불가능할 것 같은 관계다. 한편, 칸트가 말한 친밀함에 근거한 우정은 다소 지나치게 제한적이다. 생각과 감정을 공유하는 것 이상의 우정은 광범위한 대중을 위한 것이 아니란 말인가? 친구들끼리는 으레 한 가지 이상의 공통된 관심사가 있다. 그 관심사는 운동일 수도 있고, 어떤 문화적 표현 양식일 수도 있다. 다시 말해, 우정의 구조에는 생각과 감정의 공유 말고도 일반적으로 제3의 요소가 있는데 바로 그 요소가 친구들 간의 유대를 형성한다. 물론 친구 중 한 명이 공통의 관심사였던 운동이나 문화적 표현 양식에 흥미를 잃을 수도 있으므로 그러한 사실이 우정을 취약하게 하기도 한다. 그렇지만 그 제3의 요소가 어떤 영속성을 만들어내어 상황이 바뀌더라도 개인이 그 공통의 관심사는 유지할 수도 있는 것이다.

그러나 우정을 논하려면 이기적이지 않은 자세가 어느 정도는 반드시 갖춰져야 한다.[30] 참된 우정이나 사랑은 자기 자신을 위해서가 아니라 상대를 위해서 상대에게 좋은 일을 하기를 원한다고 아리스토텔레스는 말했다. 우정이 참다운 것이기 위해서는 상호성이 요구되므로 상대도 자기를 위해서가 아니라 여러분을 위해서 여러분에게 좋은 일을 하기를 원할 것이다. 게다가 우정은 사랑에서는 있을 수 없는 방식의 객관성을 포함한다. 상대가 알

아주지 않는 짝사랑은 어렵잖게 상상할 수 있지만——나를 사랑하지 않는 사람을 사랑하게 된 경우를 대부분 한 번쯤은 경험해보았을 것이다——일방적인 우정은 상상하기가 어렵다. 내가 누군가를 사랑하는데 상대가 나를 사랑을 해주지 않는다고 해서 그 사랑이 환상에 불과한 것은 아니다. 그러나 상호성 없는 우정은 아예 우정이 아니다.

지멜은 현대의 개인화가 우정도 분화시켰다고 말했다. 이제 한두 명의 친구로 삶의 모든 영역을 해결하기란 불가능하므로 다양한 필요와 용도에 따라 교분을 나눌 다수의 친구들이 있어야 한다.[31] 그렇지만 여기서도 과거보다 오늘날 우정이 다수에게 쪼개져 있다고 볼 만한 근거는 별로 없다. 다만, 현대의 결혼과 동거에서 파트너와의 관계가 과거 다른 사회적 관계들이 맡았던 역할을 상당 부분 대체하는 것은 사실이다. 한 사람의 모든 사회적 요구를 인생의 동반자가 감당해야 한다는 생각이 있다고 할까. 우정보다 사랑이 정체성 공유를 훨씬 더 요구한다. 친구에게 나 말고 다른 친구들이 있다고 해서 문제 삼는 이는 드물지만, 연인이 다른 사람을 사랑해도 괜찮다고 할 사람도 몹시 드물 것이다. 우정은 여러분의 일부를 요구하는 반면, 사랑은 여러분의 전부를 요구하는 경향이 있다.

사랑에 대하여

　사랑은 독립적이고 분리되어 있는 개인들을 전제로 하되 이러한 분리를 극복하고자 한다. 플라톤의 『향연』에서 아리스토파네스는 인류가 원래는 남자의 얼굴과 여자의 얼굴, 네 개의 팔, 네 개의 다리를 지닌 자웅 동체였다고 설명한다.[32] 그러나 이 자웅 동체적 인류가 너무 힘이 세어 신들을 위협할 지경이었기에 제우스는 이 존재를 둘로 쪼개기로 결정한다.

　　그런데 이제 그들의 본성이 둘로 잘렸기 때문에 각각의 반쪽은 자신의 나머지 반쪽을 그리워하며 줄곧 만나려 들었네. 서로 팔을 얼싸안고 한데 뒤엉켜 한 몸으로 자라기를 욕망하다가 결국은 상대방과 떨어진 채로는 아무것도 하고 싶지 않았기 때문에, 굶어서 그리고 다른 아무 일도 하지 않아서 죽어갔네. 또 반쪽들 가운데 어느 하나가 죽고 나머지 하나가 남게 될 때면 그 남은 자는 다른 것을 찾아다니다가(······)[33]

　아리스토파네스는 인간이 남녀가 한 덩어리였던 이 이상적인 원상태로 돌아가기를 희구한다고, 또한 인간은 그러한 합일에 도달했을 때에만 비로소 진정으로 행복할 수 있다고 연설한다. 그렇지만 아리스토파네스는 그러한 이상이 성취 불가능하다는 것을 잘 알기에 "이상에 최대한 가까워지고자" "내가 가장 좋아하는 사람이면서 내 마음에 맞는 본성을 지닌 이를 얻기" 위해 노력해야 한다고 말한다.[34] 아리스토파네스의 연설은 인간의 본성이 불완전하다는 생각에 기초해 있다. 우리는 우리 자체로서 불완전하기 때문에 누군가와 관계를 맺을 수밖에 없다. 두 개의 얼굴, 네 개의 팔, 네 개의 다리를 지닌 우스꽝스러운 이미지에도 불구하고 우리는 직관적으로 아리스토파네스가 말하려는 바를 포착할 수 있다. 누군가를 사랑하고 그 사람에게서 사랑받으면 자기가 그 사람과 완벽하게 하나가 된 것처럼 '온전해진' 기분이 든다. 모든 이에게는 사랑으로 외로움을 극복할 수 있다는 믿음이 있다. 이 사랑은 존재하며 다른 모든 감정을 뛰어넘어 그때까지 알았던 모든 것을 초월하는 소속감을 불어넣는다. 이 사랑은 흡사 중독과도 같지만, 정말로 '의미'가 있다는 느낌을 주는 중독이기에 그 밖의 다른 중독들은 희미한 대체물들에 불과할 것이다.

아리스토파네스 연설의 중요한 골자는, 한 사람 한 사람마다 그에게 맞는 사람이 있고 우리가 단지 그 상대를 찾아내기만 하면 우리의 모든 문제가 햇살을 맞이한 새벽이슬처럼 본질적으로 사라질 것이라는 것이다. 제대로 찾아낸 상대는 여러분을 충만하게 하고 그동안 결여되었던 삶의 의미를 더해줄 것이다. 아리스토파네스가 그려 보인 이 그림의 문제점은 사랑의 대상, 아니 사랑이라는 관계 전체에 감당할 수 없는 짐을 지운다는 것이다. 타자가 나를 '온전케' 하고 나와 이음매조차 없는 일체를 이루어주리라는 기대를 품는 자는 그 기대를 이룰 가망이 없다. 이러한 관점에서는 타자가 '기대에 미치지 못할' 수밖에 없다. 타자는 늘 분리를 유지할 것이요, 언제까지나 '타자'일 것이다. 비록 사랑에 중독된 이는 자기 자신을 속여가면서까지 이 사실을 외면하려고 할 테지만 말이다. 내 삶이 필수불가결한 의미를 지니느냐 그렇지 않느냐는 타자의 책임이 아니다. 또한 이 생각은 사랑을 다다를 수 없는 위치에 두고 있다는 점에서 또 다른 본질적 문제가 있다. 우리가 아무리 애를 쓴들 우리와 완전한 조화를 이루는 상대를 찾을 수는 없기 때문이다.

여러분은 죽는 날까지 "나도 사랑을 할 수 있어. 단지 나에게 꼭 맞는 그 사람을 찾지 못했을 뿐이야."라고 말하게 될지도 모른다. 끝이 보이지 않는 '요구 사항' 목록에서 하나라도 어긋나면 안 된다는 식으로, 내 상대는 어떠어떠한 사람이어야 한다고 생각하고 거기에 완전히 부합하는 이를 찾는다면 한평생을 살아도 여러분의 기준에 맞는 실제 인물은 만나지 못할 테니까. 하지만 사랑할 이를 찾지 못한 채 평생을 보낸다면—여러분이 고립되거나 배제당하거나 거부당해서가 아니라 실제 인물 중에서 여러분의 기준을 충족할 수 있는 사람이 없기 때문에—결론적으로 여러분은 사랑을 할 수 없는 사람이 맞다. 본인의 애정관이 현실적인 삶에서의 애정을 불가능하게 하기 때문에 사랑을 할 수 없는 것이다.

아리스토파네스의 연설은 낭만주의가 태동하기 한참 전부터 낭만적 연애의 전형을 보여 주었다. 아벨라르가 엘로이즈와의 통정(通情) 때문에 거세당하고 엘로이즈는 수녀가 되어 수도원에서 여생을 살아가는 동안 그들이 주고받은 서신, 특히 엘로이즈가 쓴 편지에서 이러한 형태의 사랑을 다시 한번 볼 수 있다. 엘로이즈의 편지를 읽다 보면 이 사랑이 얼마나 온 마음을 차지하는지 놀라지 않을 수 없다. 하느님조차 들어설 자리가 없을 만큼 아벨라르는 그녀의 정신을 송두리째 차지한다.[35] 낭만적 연애에서 사랑을 받는 이는 신들의 반열에 올라 있다. 혹자는 만약 엘로이즈의 일가친지들이 손을 쓰지 않았더라면, 그래서 두 사람이 부부가 되어 평생을 함께했더라면 이 사랑이 과연 오래갔을지 의문을 던질 수도 있다. 아벨라르가 일상을 함께하면서도 엘로이즈에게 하느님 같은 존재로 남을 수 있었을까.

괴테의 베르테르는 사랑에 대한 생각을 감정의 스테로이드로 한층 더 부풀려놓았다. 작품의 도입부에서 베르테르는 자유와 고독에서 얻는 즐거움을 말한다.[36] 그는 자신의 내면세계를 발견한다.[37] 그러다가 샤를로테를 만나고는 미친 듯이 사랑하게 된다. 그는 끊임없이 그녀와 함께 있기를 바라고 그녀의 대수롭지 않은 말, 사소한 접촉에도 환희를 느낀다. 그녀도 자기를 사랑하는지를 두고 베르테르는 무서운 의심에 시달린다. 베르테르는 사랑을 삶에 의미를 부여하는 유일한 원천으로 보기 때문에 그러한 의심을 더욱더 견디지 못한다. 그래서 샤를로테를 향한 사랑이 처음부터 절망적이었던 것도 그리 놀랍지는 않다. 베르테르가 아무리 격정적인 사랑에 빠졌다 해도 그는 자기 자신을 초월할 수 없다. 그는 확실히 예술과 연애, 양쪽 모두에 젬병이고 본인도 그 점을 깨달았기에 다음과 같이 말한다. "내 마음은 나의 것, 오직 나만의 것입니다."[38] 그는 다른 사람들과 잘 지내지 못하고 항상 남의 잘못을 찾아낸다. 물론 자신이 이상화하고 '신성하게' 여기는 샤를로테만은 예외다.[39] 그는 궁극적으로 샤를로테가 다른 남자와 결혼했다는 것을, 그녀가 자기 아닌 다른 사람을 사랑한다는 것을 이해하지 못한다.[40] 베르테르는 샤를로테를 향한 사랑에서조차 기본적으로는 자기에 대한 몰두를 깨뜨리지 못한다. 그에게 중요한 것은 자기 자신의 주관성뿐이다. 익히 알려져 있다시피, 이 주관성이 샤를로테가 그를 원치 않는다는 현실과 충돌하자 베르테르는 자살을 택한다. 샤를로테를 향한 베르테르의 맹목적인 헌신 이야기에서 중요한 것은——실은 자신의 열병에 대한 헌신이었을지라도——관계가 결코 성취된 적이 없었다는 사실이다. 베르테르가 자살하지 않았더라도 샤를로테가 다른 이를 사랑했기에 그들의 사랑은 이루어지지 않았을 것이고 결코 오랫동안 함께 지내지 못했을 것이다. 그들의 관계는 결코 현실이 될 수 없었고, 그러므로 베르테르의 욕망은 지루하고 진부한 일상 앞에 무릎 꿇을 일조차 없었을 것이다.

유명한 사랑 이야기들을 살펴보자면 그중에서 평생을 가는 사랑이 얼마나 적은지 놀라게 된다. 그런 이야기들은 주로 사랑의 첫 중독에 대해서 말한다. 로미오와 줄리엣이 죽지 않고 결혼

해서 중년이 될 때까지 함께 살았다면 그들의 삶은 어떻게 됐을까? 그래도 열정적인 사랑을 유지할 수 있었을까? 그들은 단 하룻밤을 함께 보내고 죽었으니 그러한 의문은 이 희곡의 얼개에 들어올 수 없을 것이다. 영화 「타이타닉」도 마찬가지다. 만약 그 호화 여객선이 빙하에 부딪혀 침몰하지 않고 사우샘프턴에서 뉴욕까지 안전하게 운항을 했다면 상류 계층의 귀한 아가씨 로즈와 무일푼 청년 잭의 사랑 이야기는 어떻게 됐을까? 혹은, 배가 침몰했어도 로즈와 잭 둘 다 살아남았다면 어떻게 됐을까? 게다가 그들의 관계는 너무 순식간이었기 때문에 일상의 번잡한 일들은 미처 끼어들 새도 없었다. 그런데 나는 양말에서부터 상대가 냄새조차 맡기 싫어하는 해산물에 이르기까지, 상대의 별난 습성이 죽도록 짜증 날 수 있다는 사실을 실감한 겨를도 없었다. 사랑에 빠지는 것은 연애의 중요한 한 부분이지만 그게 전부는 아니다. 사랑에 빠진다고 해서 우리의 눈이 멀지는 않는다. 하이데거의 말마따나, 사랑은 우리가 사랑에 빠지지 않았더라면 볼 수 없었을 것들을 '보게' 한다.[41] 그렇지만 사랑에 빠진 자의 시선은 단면적이고 초점이 한쪽에 몰려 있다고 말할 수도 있을 것이다. 사랑에 빠진 자는 자기가 선택한 상대의 몇몇 측면만을 알고 그쪽으로만 관심을 두기 때문이다. 사랑 그 자체는 아주 오랜 시간에 걸쳐 전개되고, 그러는 동안 타자에 대한 우리의 지각은 아주 복잡다단한 양상을 띤다. 가장 유명한 사랑 이야기들은 사랑의 미세한 단면, 즉 사랑의 시작, 사랑이 시작되기 직전이나 사랑이 시작되는 바로 그 순간에 한정되어 있다. 그러나 사랑에 빠지면 사랑의 본질을 낭만적으로 바라보게 된다. 그 이야기들은 사랑이 어떻게 시작되는지를 그려 보이지만 어떻게 전개되는지는 보여주지 않는다.

냉소주의와 회의주의

사랑의 극단적인 이상화의 대척점에는 냉소주의가 있다. 이를테면 텔레비전 연속극 「매드맨(Mad Men)」의 첫 번째 에피소드에서 돈 드레이퍼는 사랑에 빠진 어느 남자에게 이야기한다. "당신이 사랑이라고 일컫는 것은 나 같은 사람들이 물건을 팔려고 만들어낸 겁니다. 당신은 태어날 때도 혼자였고 죽을 때도 혼자입니다. 세상은 이 사실을 잊게 하려고 당신에게 이러저러한 법칙들을 한 아름 떠안기지요." 이러한 냉소주의는 펫 숍 보이스(Pet Shop Boys)의 노래 「사랑은 부르주아가 만들어낸 것(Love is a Bourgeois Construct)」에서도 멋들어지게 표현된 바 있다.

> 너는 떠나가면서 나에게 좋은 일을 해주었지.
> 넌 내가 현실을 보게 해주었어.
> 사랑은 부르주아가 만들어낸 것이라는 현실을.
> 그건 명백히 잘못된 거지.

넌 정절을 약속하는

장미 꽃다발을 든 나를 볼 일이 없을 거야.

사랑은 나에게 아무 의미도 없어.

그렇지만 이 노래 속의 냉소적인 화자는 정말로 냉소하는 것이 아니다. 그는 연인에게 버림받은 절망감을 극복하기 위해 자기 자신에게 이렇게 말하고 있을 뿐이다. 사랑이 한낱 환상, 혹은 부르주아가 만들어낸 것에 불과하다면 그가 그토록 끔찍한 상실감에 시달릴 필요도 없을 테니까. 그렇지만 화자 본인도 이 노래 속에서 인정하고 있는 것처럼 "네가 나에게 돌아올 때까지만" 이러한 연애관을 유지할 것이다.

냉소적인 이들은 사랑은 불가능하다고, 사랑은 어떤 목적에 부합하는 환상일 뿐이라고 말한다. 사랑에 회의적인 이들은 사랑을 반드시 불가능한 것으로 보지는 않지만 그들에게 사랑이란 늘 떨칠 수 없는 의심이 가득한 것이다. 사랑에 회의적인 이들은 자기가 진실하게 사랑받을 수 있다는 사실을 스스로 확신할 수 없다.[42] 혹은, 두 영혼이 진정으로 만날 수 있는 방법이 없기 때문에 진정한 사랑은 불가능하다고 생각한다. 드라이든의 루크레티우스 영역본에서 우리는 다음과 같은 문장을 읽을 수 있다.

그들은 움켜잡고, 쥐어짜고, 축축한 혀를 들이민다.

마치 저마다 타인의 심장으로 침범해 들어가려는 것처럼.

그들은 헛되이 해변에서 노닌다.

육신은 뚫고 들어갈 수 없고, 잃어버린 육신에 거할 수도 없기에.

(……)

모든 방법을 동원해도 모두가 증명에 실패하나니,

애절한 사랑의 비밀스러운 아픔을 치료할 수 있으리란 증명에.

W. B. 예이츠는 이 구절이 실존 속의 섹스를 가장 잘 묘사하고 있다고 지적하면서 "성적 교합의 비극은 영혼의 영원한 동정(童貞)이다."라고 진술했다.[43]

의심하는 쪽이든 의심당하는 쪽이든, 우리 중 그 누구도 이런 식의 회의를 겪지 말라는 법은 없다. 회의주의는 사랑에 배신당한 것 같다든가 상대가 솔직하지 않은 것 같다는 의심만 가리키는 것이 아니라, 그저 진정한 사랑이 가능하다는 믿음의 결여일 수도 있다. 상대의 의도가 완전히 긍정적일 때조차도 그러한 믿음이 들지 않을 수 있다. 제임스 조이스의 단편 「죽은 자」의 주인공 가브리엘을 생각해보라. 소설 속에서 그의 아내 그레타는 어떤 노래를 생각하면서 눈물을 흘린다. 가브리엘이 아내에게 왜 우느냐고 묻자 그녀는 아주 오래 전, 그들 부부가 처음 만나기도 전에, 자기가 좋아했던 소년이 그 노래를 자주 부르곤 했다고 대답한다. 그 소년은 고작 열일곱 살에, 그레타에 대한 사랑 때문에 죽었다. 가브리엘은 그 이야기를 듣고 충격을 받는다. "그는 그들

두 사람이 함께한 세월에 대한 기억으로 가득 차 있건만, 애정과 기쁨과 욕망으로 충만해 있건만, 그녀는 마음속으로 줄곧 그를 다른 사람과 비교하고 있었던 것이다."[44] 가브리엘은 자기가 그레타의 단 하나뿐인 사랑이라고 믿어왔지만, 일단 그러한 생각을 하게 되자 자기가 우스꽝스러운 존재로 전락한 기분이 든다. 그는 그레타가 자기를 정말로 사랑한 적은 있는지, 그녀가 단순히 의무감 때문에 자기 곁에 있는 것은 아닌지 의문을 품는다. 그리고 그레타가 항상 그 죽은 소년에 대한 그리움을 마음에 품고 있지는 않았는지—그 소년이야말로 그녀의 진정한 사랑이 아니었는지—의심스러워한다. 한 사람이 다른 사람의 전부여야만 한다는, 두 사람이 이음매조차 눈에 띄지 않는 하나가 되어야 한다는 이 기대가 사랑을 불가능하게 한다. 타인에게는 나를 만나기 이전의 삶이 있었다. 타인이 과거의 삶의 흔적을 전혀 남기지 않고 내 삶에 섞여 들어올 수는 없는 노릇이다. 그에게는 내가 절대로 완전히 참여할 수 없는 그 사람만의 생각과 감정이 있다. 이건 그냥 받아들여야만 하는 사실들이다.

샤를 보들레르와 앙나르 뮈클레는 둘이 하나가 된다는 관념의 붕괴를 누구보다 잘 보여준 작가들이다. 보들레르는 「가난뱅이들의 눈」이라는 산문시에서 이 주제를 다루었다. 여기서 화자는 어떤 여인과 카페에 앉아 "우리의 생각이 모두 일치하고 이제부터는 우리의 넋도 하나일 뿐이라고 크게 기대를 했다." 그런데 카페 밖 거리에서 마흔 살 남짓하고 선량해 보이는 남자가 두 아이를 데리고 지나가다가 그들 앞에서 멈춰 선다. 화자는 기쁨과 경탄으로 빛나는 그 가난뱅이 가족의 눈에 사로잡혀 자신이 그들에 비해 분에 넘치도록 누리는 안락과 호사를 부끄러워한다. 그는 자기 앞에 앉은 여인의 눈에서 자기와 같은 생각을 읽으려 하지만 그녀는 대뜸 다음과 같이 말한다. "눈을 휘둥그렇게 뜨고 있는 저 사람들을 견딜 수가 없네요! 카페 주인에게 부탁해서 저들을 저만치 쫓아낼 수는 없을까요?" 화자는 자기 아닌 다른 사람을 정말로 안다는 것은 정녕 불가능하다고 결론을 내린다.[45] 앙나르 뮈클레의 단편 「별」에서는 새끼 고양이들을 죽이려던 남자가 막상 그 순간에 이르자 끔찍한 괴로움을 경험한다. 하지만 그를 무엇보다 심란하게 하는 것은 아내가 보이는 침착함, 거의 무관심에 가까운 태도다.

그는 어안이 벙벙해서 아내를 바라보았다. 경악한 나머지 속이 뒤집히는 것 같았지만 참아야 했다. 여자란 도대체 어떤 종류의 생물인지? 그는 아주 오랫동안, 장장 12년 동안 자기 아내를 세상에서 가장 다정하고 사려 깊은 사람으로 생각해왔는데, 그녀는 도살자보다 동정심이 풍부하다고 할 수 없는 사람이었다.[46]

이러한 관점에서 이 단편은 뮈클레의 소설 「붉은 루비의 노래」의 주제를 이어받고 있다. 「붉은 루비의 노래」의 작중 인물 아스크 불레포트는 "사랑은 외로운 것"이라고 결론 내린다. 나와 일체를 이루고 있다고 생각했던 사람이 실제로는 그렇지 않음을 알게 될 때, 합일이 무너지고 엄청난 간극이 느껴질 때, 이 외로움은 불쑥 튀어나온다.

레프 톨스토이의 단편 「가정의 행복」(1859)에서 우리는 중년 남성 세르게이와 젊은 여성 마샤의 이야기를 마샤의 관점에서 따라간다. 마샤는 차츰 세르게이를 좋아하게 되고 어느 순간 그들 두 사람이 온전한 하나라고 느낀다. 신혼여행 내내 부부가 함께 식사하는 자리에는 웃음과 깊은 속내 이야기가 끊이지 않지만 그로부터 겨우 두 달 만에 마샤는 외로움을 느끼기 시작한다. 그녀는 세르게이의 마음 한쪽이 자신에게 닫혀 있는 것 같다고 생각한다.[47] 그녀는 자기가 어리석게 느껴지고, 일상 속의 정은 사랑에 빠질 때의 희열에 비해 보잘것없다고 생각한다. 그녀는 권태를 달래기 위해 사교계에 진출하지만 끊임없는 티 파티와 만찬에도 싫증이 난다. 부부는 서로 불만족스러운 감정을 키워나가고, 한 지붕 아래 살지만 완전히 각자의 삶에만 집중하는 형편에 이른다. 어느덧 둘 사이에 아이가 둘이나 생겼지만 자녀의 존재가 부부애를 더 돈독하게 해주지는 않는다.

변화는 그들이 마샤의 고향 집으로 여행을 떠났을 때 비로소 찾아온다. 두 사람의 연애가 처음 시작된 그곳에서 마샤는 지난날을 추억하고 그 모든 일이 어떻게 흘러왔는지 돌아보기 시작한다. 마샤는 사랑은 죽었다고, 사랑을 죽인 책임은 두 사람 모두에게 있다고 생각한다. 세르게이에게 이런 이야기를 하자 그는 옛사랑은 뭔가 새로운 것에 길을 내어주기 위해 죽었을 뿐이라고, 어떤 의미에서 그러한 전개는 불가피한 것이므로 그들의 잘못이 아니라고 대답한다. 바로 이 깨달음이 두 사람을 다시금 이어준다. 처음 사랑에 빠졌을 때와는 또 다른 새로운 사랑이 부부 사이에 싹튼다. 톨스토이의 이 단편 소설을 모든 관계의 규준(規準)으로 삼을 수는 없지만—결국 이 소설은 오늘날의 독자라면 너무 감정에 초연한 게 아닌가라고 생각할 '성숙한' 사랑으로 귀결되므로—모든 관계에 통용될 법한 통찰을 어느 정도 찾을 수 있다. 「로미오와 줄리엣」류의 이야기들은 사랑에 빠진다는 것이 어떤 것인지를 믿을 만하게 묘사한다. 그러나 세르게이와 마샤의 관계는 로미오와 줄리엣의 하룻밤 풋사랑을 뛰어넘어 현실이 되었으므로 사랑의 이상화만이 아니라 사랑의 현실적인 모습들에 대해서 시사하는 바가 있다. 사랑이 존속되기 위해서는 흐르는 시간 속에서 새로운 토대가 마련되어야 한다.

사랑, 우정, 정체성

사랑에 빠지면 완벽한 일체감을 느끼곤 하지만 나는 그 합일의 상대를 완전히 알지 못하고 그 사람도 나를 완전히 알지 못한다. 관계가 장기적으로 발전하면 상대가 내가 처음에 생각했던 것과는 다른 사람임을 깨닫게 될 것이고, 상대도 나에 대해서 똑

같이 깨달을 것이다. 물론 처음에는 내가 보여주지 않았던 부분들이 있었기 때문에 시간이 갈수록 애초에 생각하지 못했던 다른 공통점을 더 많이 찾을 수도 있다. 이 경우, 두 사람의 조화는 더욱더 건실해질 것이다. 그렇지만 조화를 깨뜨리는 여타의 모든 특성들은 한층 괴롭다. 이음매조차 보이지 않는 플라톤적 합일에서 어긋나는 특성들 말이다. 그렇지만 다른 한편으로 플라톤적 합일은 허구적으로만 존재하는 것이다. 진짜 사랑은 공존이다. 물론 둘이서 하나가 되는 것은 맞지만 그 하나는 결코 이음매가 없을 수 없으며 차이를 끌어안을 수 있어야 한다. 사실 모든 관계는 아픔과 실망을 포함하며, 사랑이 지속되려면 그것들을 극복해야만 한다. 문제는 그러한 난관을 사랑이 시들어가는 신호로 볼 것인가, 사랑에 깊이를 더할 기반으로 볼 것인가이다. 사랑을 통한 합일에는 늘 두 외로움이 포함될 것이다. 사랑에 빠진 순간의 허구적 존재가 약해지거나 현실과 충돌하면 언제라도 그 관계를 떠나 새로운 사랑을 찾아 나설 수도 있다. 그러면 시들어버린 사랑은 또 다른 사랑으로 대체될 것이다. 그렇지만 그런 식으로는 아무도 여러분을 정말로 알지 못할 것이고 여러분도 상대를 정말로 알지 못할 것이다. 그나마 좀 덜 외로운 선택지는, 플라톤적 합일은 다른 어떤 것에 자리를 내어주어야 하고 그 다른 어떤 것은 비록 외로움을 포함할지언정 두 외로움이 만날 자리를 마련해준다고 보는 것이다.

우리는 모두 기본적으로 외로움을 겪고, 그러한 외로움을 극복하려면 우정과 사랑이 우리 인생에서 얼마나 중요한지 다들 인식하고 있다. 하지만 우정과 사랑 둘 중 그 무엇도 완벽하게 실현되지는 않는다는 점도 반드시 염두에 두어야 한다. 관계가 희미하게 지각되자마자 본인의 이상에 심취해 출발의 여지조차 주지 않는 사회적 완벽주의는 우정에든 사랑에든 도움이 안 된다. 하지만 앞에서도 지적했듯이 외롭지 않은 사람들보다 외로운 사람들에게 좀 더 흔한 것이 바로 이 사회적 완벽주의다. 외로운 사람은 자기가 사랑받지 못하고 아무도 자기와 친구가 되지 않을 거라 생각하지만, 문제는 오히려 그들이 불가능한 요구를 하기 때문에 누군가를 사랑하거나 누군가와 우정을 나누지 못한다는 점에 있다.

인생에는 우정과 사랑이 필요하다. 나는 누군가에게 마음을 쓸 필요가 있고, 나에게 마음을 쓸 누군가가 필요하다. 누군가에게 마음을 쓸 때 세상은 의미를 얻는다. 그러한 마음 씀씀이를 통하여 여러분 자신이 하나의 인격체로 구성된다.[48] 여러분은 여러분이 마음을 쓰는 바로 그것이다. 여러분이 어떤 것에도 마음을 쓰지 않는다면 헛살고 있는 셈이다. 여러분은 누군가가 여러분을 필요로 해주기를 필요로 한다. 여러분은 자기와 동등하다고 인정할 수 있는 누군가에게 인정받기를 원한다.

자기 정체성이란 타자들과 떨어져 자기 안에 깊이 뿌리를 내리는 것이 아니라, 오히려 타자들과의 애착에 뿌리를 내리는 것이다. 그러므로 타자들과의 애착이 실패한 것으로 밝혀지면 자기 정체성이 크게 손상을 입는다. 타자들에게 웬만큼의 애착도 없는 사람은 자기의 중심 부분이 여전히 계발되지 못한 상태이므로 자기 자신의 열등한 버전밖에 되지 못한다. 궁극적으로 왜 내가 x와 친구가 되고 y와 연애를 해야 하는가라는 질문에 대해서는, 그렇게 해야만 x와 y가 나를 더 나은 사람으로 만들기 때문이라고 답할 수 있다. 그래서 사랑과 우정에는 언제나 자기 본위의 동기들이 깔려 있다는 주장도 아예 허튼소리는 아니다. 그와 동시에 '최선의 나'의 한 부분은 자기 이익을 생각지 않고 타인들을 위해 가장 좋은 것을 원하고 실행하는 능력이라는 점도 인정해야 한다. 사랑과 우정은 모두 정체성의 공유를 전제로 한다. 나는 x의 친구이고 y와 사랑하는 사이라는 말은 나는 누구인가라는 물음에 대해서 상당 부분 대답이 되어준다. 내가 나 자신을 생각할 때 내가 말하는 '나'에는 '우리'도 포함된다. 이 말은 또한, 우리를 개인성이 우리를 끌고 가는 방향과는 다른 방향으로 사랑과 우정이 우리를 끌고 간다는 뜻이다.

카를 야스퍼스 철학의 중심에는 외로움이 있다. 그는 "'나'가 된다는 것은 혼자로서 존재한다는 것이다."라고 썼다.[49] 누구든 '나'를 말하는 자는 거리를 두고 자기 주위에 원을 그린다. 외로움을 다루는 작업은 이 '나'를 다루는 작업이다. 외로움은 개인들이 있는 곳에만 존재할 수 있다. 그렇지만 개인들이 있는 곳에는 개인성에 대한 욕망, 고독을 향한 갈망이 있는가 하면, 개인성으로 인한 고통과 외로움에서 벗어나고자 하는 갈망도 있다.[50]

인간들은 홀로 평온하게 지내기를 원하는 동시에 타인들과 깊은 소속감을 공유하기를 원하는 모순적인 심정을 품는다. 야스퍼스에게 외로움은 타자들과 분리되어 있다는 의식과 불가분의 관계에 있고, 이 의식은 다시 우리의 소통 능력과 불가분의 관계에 있다. 외로움을 경유하여 '나'가 된 사람들만이 소통도 할 수 있다. 소통을 할 수 없는 사람은 진정으로 외로움을 겪을 수도 없고 '나'가 될 수도 없다.[51] 따라서 모든 사람이 기필코 성취해야 할 과제는 자기 자신을 잃지 않은 채 타인들과 소통하면서 외로움을 극복하는 것이다. 그러므로 인간의 소통은 종종 "외로운 사람들이 공동체를 이루려 하는 가망 없는 시도"라는 특징을 띠곤 한다.[52] 야스퍼스에게 개인성과 소속감이 공존할 수 있는 진실한 경험은 오직 하나, 대등한 수준에서 소통할 수 있는 평등한 두 파트너가 사랑으로 맺어지는 것뿐이다. 야스퍼스는 그와 동시에 그러한 사랑이 극도로 드물고, 현실보다는 이상에 더 가깝다고 지적한다.

야스퍼스는 이 사랑이 외로움의 결정적 치유책이 될 수 있다고 보았지만 우리는 그러한 사랑이 현실 세계에서 볼 수 있는 사랑보다 훨씬 더 이상적 성격이 강하다는 데 동의한다. 그렇지만 그렇게까지 드물지 않은, 외로움을 거의 해소해주는 사랑—그들도 어쩌다 한 번씩 외로움을 느끼긴 하지만—도 있다. 다만, 이 사랑은 지속된다는 보장이 없다. 어떤 이에게 마음 깊이 속해 있다는 느낌이 들고 상대도 나와 마찬가지일 거라는 믿음이 있을지라도, 관계 속에서 사람들은 움직이고 관계 자체도 끊임없이 움직인다. 그리고 타자에게 느끼는 소속감이 아무리 깊을지라도 언제나 그 관계에는 존중해야 하는 거리와 외로움이 있을 것이다.

사랑의 본성을 이상화한 이야기들은 우리를 미혹시킨다. 사랑에 냉소적인 자들과 회의적인 자들이 뭐라고 주장하든 간에 아주 현실적인 사랑이 있건만, 그런 이야기들은 그 사랑을 실현하는 데 방해가 된다. 아무도 만족시킬 수 없는 사랑의 이상을 수립한 사람은 바로 그 이상 때문에 사랑에 대한 자신의 욕구를 영영 만족시킬 수 없을 것이다. 자기 자신에게 외로운 인생을 보장해주는 셈이랄까. 돈 드레이퍼와 그 밖의 냉소주의자들은 옳다. 우리는 모두 평생 어떤 외로움에 처한다. 그러나 그 외로움이 다른 외로움들을 만날 수 있다. 그때 비로소 여러분은 더는 그렇게까지 외롭지 않다. 릴케의 말대로, "두 고독이 서로를 지켜주고 경계선을 마련해주고 안녕을 빌어주는 사랑"에 도달하는 것은 가능하니까.[53]

제 6 장

개인주의와 외로움

Individualism and Loneliness

지난 수십 년간 공동체는 소리도 없이 쇠락했다. 우리는 그러한 쇠락이 사생활의 껄끄러운 틈새들과 우리의 공적 생활의 쇠퇴에 미친 효과에도 주목하지만, 그중에서도 가장 심각한 결과는 왠지 "이 그림에서 빠진 것은 무엇인가요?" 식의 오래된 퍼즐을 연상시킨다. 이웃들과의 파티, 친구들 모임, 낯선 이들의 아무 계산 없는 친절, 개인적 선을 외로이 추구하기보다는 공공선을 더불어 추구하는 자세 등, 이런 것들이 거의 눈치챌 겨를도 없이 사라졌다는 점에서 사회 자본의 약화가 뚜렷하게 드러난다.

로버트 D. 퍼트넘, 『나 홀로 볼링: 사회적 커뮤니티의 붕괴와 소생』

로버트 D. 퍼트넘이 2000년에 쓴 이 인용문에 나타난 현대 사회의 이미지는 최신 사회과학의 표준적인 서술에 다소간 부합할 것이다. 우리는 숙명적인 공동체 붕괴에 굴복하는 중이고, 이제 단연 우뚝한 개인주의가 우리를 외로운 개인주의자이자 쾌락주의자로 변모시키고 있다. 이 서술은 옳은가? 현대와 후기 현대의 개인은 특별히 더 외로운 존재라고 할 수 있는가?

자유로운 개인이란 무엇인가?

자유로운 개인은 어느 특정 시점과 장소에서 갑자기 등장한 것이 아니라 수 세기에 걸쳐 부상했고 지금도 그 과정 중에 있다. 그렇지만 최근의 진전은, 자유로운 개인이 역사상 처음으로 사회 재생산의 기본 단위가 되었다는 것이다.[1] 물론, 모두가 자유 민주주의 체제에서 살지는 않는다. 이 체제에서 살아가는 인구는 전 세계 인구의 절반 정도다. 또한 자유 민주주의 체제에서 사는 사람이면 모두 다 '자유로운 개인'을 구현하는 것도 아니다. 한편, 중국처럼 자유 민주주의 체제가 아닌 국가에서도 자유로운 개인은 존재할 수 있다. 어쨌든 무수한 반례와 모순적 경향이 존재함에도 불구하고 전반적인 흐름을 따지자면 자유로운 개인이 사회적·정치적 표준이 되었다고 하겠다.

울리히 베크는 "완숙하게 발전된 근대성의 기본 인물은 독신(獨身)이다."라고 썼다.[2] 여기서 말하는 독신을 '개인'이라고 할 수도 있겠다. 자유로운 개인은 역사적 현실이다. 그런데 왜 나는 '자유로운' 개인이라는 표현을 쓰는가? 그 이유는 개인이 표현의 자유, 재산권, 사생활의 권리 등에 관심을 두고 이 자유로운 권리들을 당연시하기 때문이다. 이러한 기본적 생각은 존 스튜어트 밀의 낭만적 자유주의에 잘 표현되어 있다. 밀은 개인 한 사람 한 사람 주위에 침범할 수 없는 원이 그려져 있다고 상상했다.[3]

자유로운 개인이 사회에서 담당하는 역할을 이해하는 열쇠는 흔히 소극적 자유라고 하는 것이다. 소극적 자유란 실제로 선호하는 대안들뿐만 아니라, 선호하지 않는 대안들까지 포함해서 다양한 가능성들이 존재해야 한다는 의미다.[4] 개인이 자발적으로 했을 법한 일도 강제로 하게 되었다면 자유를 침해당했다고 생각할 것이다. 그렇지만 소극적 자유는 기본적으로 최대한 많은 가능성이 열려 있어야만 한다는 주장에 불과하므로 실상은 공허한 자유 개념이다. 소극적 자유는 어떤 형태의 자기실현이 더 낫다고 지시하지 않고 단순히 자기실현의 최대한 광범위한 틀을 수립할 뿐이다. 이 틀은 어떤 이의 소극적 자유가 타인의 소극적 자유를 희생하면서 존재해서는 안 된다는 생각으로만 제한된다. 그렇지만 자유로운 개인은 아마르티아 센이 말하는 자유의 가능성이라는 측면만이 아니라, 자유의 과정이라는 측면도 원한다.[5] 개인은 삶의 다채로운 목표들에 도달하려 애쓰기도 하지만, 선택 가능한 대안들을 평가하고 그중에서 자기가 실현할 것들을 선택하기 원한다. 그래서 개인은 간섭 없는 영역을 갈망하고, 그의 선택 대안들은 타인도 그만큼의 자유를 누릴 권리에 의해서만 제한되어야 한다. 게다가 자유로운 개인은 결코 반사회적이지 않다. 그는 자신이 사귀는 사람들을 선택하기 원한다. 자유로운 개인은 자신이 유일무이하고 독립적이며 자기 결정권을 지닌 존재라고 생각하고, 자유 민주주의는 방대하리만치 다양한 생활 양식과 자율적 선택 가능성들을 포용한다. 자유로운 개인은 소극적 자유만이 아니라 적극적 자유, 자율의 동의어라고 할 수 있는 이 자유까지 원한다. 적극적 자유는 자기 자신의 가치관에 걸맞게 살아가는 데 있다. 이는 비간섭을 훨씬 더 넘어서서 자신의 삶을 통제하고 빚어나가는 것까지 포함한다.

게오르크 지멜은 잘 알려져 있다시피 개인주의를 양적 개인주의와 질적 개인주의라는 두 형태를 구분했다. 양적 개인주의가 18세기를 지배했다면 질적 개인주의는 1800년 이후에 빛을 보았다.[6] 우리는 또한 계몽적 개인주의와 낭만적 개인주의를 여기서 말해볼 수도 있다. 지멜이 칸트와 특히 관련짓는 양적 개인주의의 기본 특성은 독립성이다. 독립성이란 개인은 스스로 부여한 규범적 제약을 제외하면 모든 규범 제약에서 자유롭다는 생각이다. 하지만 지멜은 개인을 이런 식으로 이해하는 것은 부족한 점이 있다고 말한다.[*] 개인이 유일하게 남기는 내용(content)은 그의 이성에서 유래한 것이기 때문이다. 지멜이 표현한 대로, 우리는 이때 비로소 '개인성을 지니는' 것이지 개인들로서 존재하는 것은 아니다.[7] 그래서 개인의 또 다른 개념이 부상하기 시작했

---

[*] 지멜은 개인들이 상호작용을 하는 이유와 근거를 내용으로, 그러한 상호작용의 구조적 성격을 형식으로 보고 후자를 사회학의 대상으로 규정했다.

고 이 개념은 개인의 양적 구분이 아니라 질적 차이를 강조했다. 내가 보기에, 지멜은 계몽적 개인주의의 순전히 양적인 측면들을 강조했다. 그리고 개인이 유일한 개인성을 계발하고 그에 대해서 책임을 질 것을 요구하는 칸트의 사유에도 양적 개인주의가 명백히 두드러지는 측면들이 있다. 그렇지만 지멜이 보기에 양적 개인주의를 가장 다양하게 전개한 인물은 니체다.[8] 지멜은 질적 개인주의가 양적 개인주의를 대체하지는 않았고 오히려 그 둘은 아직 합쳐지지 않았기 때문에 나란히 존재한다고 보았다. 그는 또 이 두 형태의 개인주의가 공존하는 양상이 근대의 대도시에서 관찰되며 대도시의 시민들이 이 두 형태를 구현한다고 주장했다.[9] 도시 거주자들은 신체적으로나 정신적으로나 타인들과 분리되어 상당한 자유의 공간을 누린다. 이 사실은 유일무이한 존재로 두드러지고자 하는 욕망, 즉 개인의 유일무이성으로써 환경으로부터 구별되고자 하는 욕망을 일으킨다.

개인은 자기 자신과 지극히 자기 성찰적 관계를 맺는다. 그러한 반성은 분명히 모든 사회에 존재하지만, 사람들이 자신들의 존재를 규정하는 전통에 강력하게 매여 있지 않은 사회에서 특히 두드러진다.[10] 개인은 자기에게 주어지는 대로 정체성을 취하는 것이 아니라 자기가 지닌 자질과 가능성에 따라 자기 정체성을 창조해야 하고, 그러한 까닭으로 쉴 새 없이 자기 자신을 감독하고 관리하고 수정해야 한다.

자유로운 개인은 '특별한' 누군가가 되어야 한다. 개인주의의 등장은 사람에게 자기를 변화시키고 생성해야 한다는 새로운 책임을 안겨주었다. 니체는 다음과 같이 말했다. "그대는 그대 자신이 되어야 한다."[11] 여러분은 개인일 뿐만 아니라 가급적 스스로 자기를 만들어낸 자라야 한다. 하지만 이것은 분명히 불가능하다. 엄밀히 말하자면, 스스로 자기 자신을 빚어낸 인간 따위는 없다. 문학에서 그처럼 자기 자신을 바닥에서부터 만들어나가려 했던 인물의 예를 찾아보자면 도스토옙스키의 지하생활자가 떠오른다.[12] 그는 상상할 수 있는 모든 힘이나 권력에서 완전히 독립된 기반에서만 자유가 가능하다고 생각했다. 우리 중 그 누구도 외부의 영향을 전혀 받지 않고 스스로 동기 부여를 할 수는 없다. 환경과 완전히 독립되어, 다시 말해 자기를 정의하려는 시도를 하기 전에 이미 자기를 형성한 것들로부터 독립되어 자신의 사람됨을 정의할 수는 없다.[13] 자유로운 개인은 자기 자신과 세계에 대한 이해가 풍부하다. 그에게는 이런저런 가치관과 선호가 있다. 하지만 그중에서 명백한 선택의 대상으로 볼 만한 것은 드물다. 물론 원칙적으로는 모든 것을 변화시킬 수 있다지만 바탕에 깔려 있는 이해, 가치관, 선호만 달라도 채택이 되지 않는다. 모든 자기 변화는 기존에 있었던 것에 뿌리를 둔다. 자유로운 개인은 자기가 믿고 싶어 하는 만큼 타자들에게서 자유롭지 않다.

조지 허버트 미드가 특히 지적한 바와 같이, 우리는 타아(他我)들과의 상호 작용을 통해서 우리의 자아를 만든다. 그러므로 원칙적으로는 우리 자신의 자아와 타자들의 자아를 확연하게 구분하기가 쉽지 않다.[14] 자아성은 자기를 벗어나 어떤 입장을 취할 수 있는 가능성, 자기를 남 보듯 바라볼 수 있는 능력을 의미한다. 이러한 관점에서 본다면 자아성은 사회적 산물이다. 우리는 남들이 하는 것처럼 우리 자신을 지각하는 법을 익히고, 타아들과의 상호 작용을 통하여 우리의 자아를 변화시킨다. 그러는 동안에 자아는 타아와의 관계에서 어느 정도 독립성도 유지한다.

자유로운 개인은 자기 생각만큼 자율적이고 사회의 영향에서 벗어나 스스로 동기 부여를 하는 존재는 아니지만, 아무 흔적 없이 사회 속으로 묻혀버리는 존재도 아니다. 자유로운 개인은 당연히 사회 속에 위치해 있지만 사회적 소속감이 "어떻게 살 것인가?"라는 개인의 질문에 답을 주지는 않는다. 마이클 샌델 같은 공동체주의 철학자들도 그 점은 인정한다. "나는 자기 해석적인 존재로서 나의 역사를 돌아볼 수 있고, 이러한 의미에서 나의 역사에 거리를 둘 수 있다."[15] 자유로운 개인은 오직 이 사실만으로도 자아가 모든 규범적 문제들에 대한 최종 심판자임을 확인한다. 한편, 자유로운 개인은 타자들과의 관계에서 무한 자유와 진실한 소속감을 둘 다 욕망한다는 모순에 사로잡힌다.[16] 적어도 자유가 경계의 부재나 독립과 동일시되지 않는 한, 이 욕망은 당연히 실현될 수 없다. 그러나 이후의 내용을 보면 알겠지만 자유로운 개인은 현실에서 자유와 소속감을 웬만큼 결합시킬 수 있는 듯하다. 여기까지는 자유로운 개인이 주로 추상적 실체처럼 그려진 감이 있다. 이제부터 이 존재가 현실 세계에서 어떻게 구체적으로 나타나는지 살펴보자.

혼자 살기

1949년에 문화인류학자 조지 피터 머독은 다양한 시대와 지역을 망라하는 250개 문화권에 대한 연구를 발표하면서, 어느 정도 변형이 있기는 하지만 핵가족이 모든 문화권에 보편적 가족 형태라는 결론을 내렸다.[17] 그러나 일부 인류학자들은 생활 양식이 다른 사람들은 다양한 유형의 사회 단위를 이루고 살아간다고 강조하면서 머독의 결론에 이의를 제기했다. 그렇지만 모든 시대와 장소를 통틀어 인간이 일반적으로 타자와 더불어 살기 위해 생활을 구조화한다는 점에는 머독과 그를 비판하는 다른 인류학자들이 의견 일치를 보았다. 물론 은둔 생활을 하는 수도승이나 그 밖에도 혼자 사는 이들은 엄연히 존재하지만 이 사람들은 문화권 내에서도 예외로 치는 경향이 있다. 하지만 사회학자 에릭 클리넨버그는 『고잉 솔로(Going Solo)』라는 저서에서 그러한 현상이 중대한 변화를 맞이하고 있다고 지적했다. 그는 특히 1950년대에는 미국 성인의 22%가 미혼이었고 1인 가구가 불과 9%에 불과했다는 통계 수치를 주목했다. 오늘날에는 미국 성인의 50%가 미혼이고 1인 가구가 전체 가구의 23%에 달한다.[18] 또한 자녀가 없는 성인 두 사람으로 구성된 2인 가구의 비율도 1인 가구 비율과 얼추 비슷하다. 이러한 경향이 핵가족이나 공동 주거 같은 여타의 가구 구성보다 훨씬 더 두드러진다. 남성보다는 여성이 혼자 사는 경우가 더 많다. 또한 여성 1인 가구는 남성 1인 가구보다 훨씬 더 장기적으로 지속되는 경향이 있다. 하지만 남녀를 불문하고 일단 혼자 살기 시작한 사람은 누군가와 살림을 합치기보다는 계속 혼자 살려고 하는 경향이 있는 것으로 나타났다.[19] 1인 가구의 3분의 1은 65세 이상 고령자에 해당하지만, 1인 가구가 가장 급증한 연령대는 35세 미만으로 1950년대와 비교하면 거의 10배가 늘었다. 그렇지만 고령 인구도 혼자 사는 비율이 증가한 것은 맞다. 유럽연합에서는 2010년 기준으로 고령 인구 3명 중 1명이 혼자 사는 것으로 추산했다.[20] 연구 조사들에 따르면, 노인이 자녀와 함께 살거나 노인 편의 시설에 들어가는 것보다 혼자 사는 것을 더 선호하기 때문에 고령 1인 가구가 늘어나는 것이라고 한다.[21] 북유럽 국가들에서는 특히 1인 가구 비율이 높아서 전체 가구의 45~50%나 된다. 그렇지만 1인 가구 증가는 서양에 국한된 현상이 아니다. 1인 가구가 세계에서 가장 빨리 급증한 나라들은 중국, 인도, 브라질이다.[22] 이 현상은 전 세계적으로 급속히 일어나고 있는 듯 보이며 1996년에 1억 5,300만 명이었던 1인 가구 집계가 2006년에는 2억 200만 명까지 늘었다.

조지프 슘페터는 『자본주의, 사회주의, 민주주의』(1943)에서 이미 그러한 변화가 일어날 것이라 주장한 바 있다. 그는 현대 자본주의 사회에서는 가정생활과 부모의 역할이 사람들에게 덜 중요할 것이라고, 상당한 희생을 치르면서까지 가정을 꾸리고 싶지는 않은 개인들이 늘어날 것이라고 예측했다.

이 희생은 금전적 잣대로 평가할 수 있는 것들만이 아니라, 이루 측량할 수 없는 안락, 걱정 근심으로부터의 자유, 점점 더 다양해지고 구미를 당기는 선택지들을 즐길 기회까지도 포함한 희생이다.[23]

슘페터의 예언은 사회적 현실이 되었다.

혼자 살기를 선택한 사람이 여느 사람들보다 사회성이 떨어지는 것은 아니다. 혼자 사는 사람이 다른 사람들과 한집에 사는 사람보다 더 외로운 것은 아니다. 예를 들어, 혼자 사는 사람은 누군가와 같이 사는 사람보다 친구나 친척을 더 자주 만나는 편이다. 반면, 기혼자는 독신이었을 때만큼 친구나 친지를 자주 만나기가 어렵다.[24] 1인 가구는 동거인이 있는 사람에 비해 한 주 동안 친구를 찾아가는 횟수, 사회 집단에 참여하는 횟수가 많고 저녁을 친구들과 함께 보내는 횟수도 많다. 따라서 독신자와 1인 가구가 동거인이 있는 사람들보다 사회적 접촉이 희박하다고 주장하기는 어렵다. 그들도 여느 사람들과 똑같이 사교적이지만 다른 유형의 사교성을 선호한다고 봐야 할 것이다.[25]

오늘날의 1인 가구는 오히려 동거인이 있는 사람보다도 타자에 대한 애착 욕구가 덜한 듯 보인다. 1인 가구라고 해서 삶의 만족도가 더 떨어지지도 않고 외로움을 더 많이 느끼지도 않는다.[26] 으레 혼자 산다고 하면 누군가와 같이 사는 사람보다 외로울 거라고 짐작하기 일쑤라는 점을 생각하면 이러한 조사 결과는 놀랍다.[27] 사람들은 대부분 1인 가구가 크게 늘어났으니 외로움을 겪는 인구수도 그만큼 늘었을 거라고 생각하지만 외로움에 대한 실증적 연구들에서는 그렇지 않다고 말해준다. 외로움 수치는 생활 양식이 극적으로 변화하는 동안에도 놀랄 만큼 안정적으로 유지된 편이다.

어쩌면 혼자라는 사실보다는 혼자인 이유가 더 중요한지도 모른다. 앞에서 언급한 독거 상태에서 타자들과 어떤 관계를 맺느냐에 따라 독거 생활의 조건들이 다르게 경험될 것이다. 1인 가구는 그러한 가구 형태를 본인이 선택했을 수도 있고, 사회적으로 배척당한 탓에 어쩔 수 없이 혼자 사는 것일 수도 있다. 전자의 경우는 혼자 사는 생활을 긍정적으로 볼 수도 있겠지만, 후자는 괴로워할 확률이 높다. 1인 가구의 증가가 그러한 가구 형태를 선택한 인구의 증가 때문이라면, 외로움이 더 증가하지는 않으리라 예상해도 좋을 것이다. 이렇게 본다면 외로움을 겪는 인구 비율이 안정적인 이유도 1인 가구가 본인이 선택한 삶의 방식이기 때문이라고 볼 수 있지 않을까.

외로움에 시달리는 개인?

오늘날의 문학, 특히 대중적인 양식의 글일수록 오늘날의 자유로운 개인이 외로움, 소외, 불안, 우울에 시달리고 고통받는 영혼이라는 식의 인상을 심어주려는 경향이 있다. 《애틀랜틱(The Atlantic)》의 기사를 보자. "우리는 유례없는 소외에 고통받는다. 사람들이 이렇게까지 서로 떨어져 지낸 적이 없었다. 달리 말해, 이렇게까지 외로웠던 적은 없었다."[28] 우리가 점점 고립되고 외로움에 시달린다고 주장하는 책들은 차고 넘치며 널리 읽힌다. 막스 베버는 개인들이 광막한 내적 고립으로 고통 받는다고 주장하면서 이를 프로테스탄티즘의 출현과 연결 지었다.[29] 한편, 지멜은 대도시 생활 속에서 개인이 느끼는 외로움을 특히 강조했다. 전후(戰後) 사회 연구들에서 외로움은 기본적으로 현대 생활에 대한 '표준 진단'에 해당했고 개인주의는 으레 온갖 악의 근원처럼 여겨졌다. 특히 영향력을 끼쳤던 저작은 데이비드 리스먼, 네이선 글레이저, 루일 데니의 『고독한 군중』(1950)이다. 밴스 패커드의 『이방인들의 나라』(1972), 크리스토퍼 라쉬의 『나르시시즘의 문화』(1979) 등 비슷한 저작들이 그 뒤를 이었다. 1995년에 로버트 퍼트넘은 「나 홀로 볼링」이라는 에세이를 발표하고 5년 후에는 동명의 저작을 내놓았다. 2009년에 재클린 올즈와 리처드 S. 슈워츠가 『외로운 미국인』을 발표했고 셰리 터클의 『외로워지는 사람들(Alone Together)』이 2011년에 나왔다. 이 책들의 여파는 학계를 넘어서 더 넓은 대중에게까지 퍼졌다. 또한 이 책들은 주로 미국에서 데이터를 취한 것이지만 서양 사회 전반에 유효한 내용으로 받아들여졌다.

외로움에 대한 사회 연구에서 전형적인 주장은 외로움이 현대 개인주의의 결과라는 것이다. 사실 이러한 생각은 토크빌의 1830년대 미국 민주주의 연구에까지 거슬러 올라간다.[30] 프랜시스 후쿠야마의 현대 사회에 대한 한탄도 이러한 관점과 일맥상통한다.

개인주의 문화의 두 번째 문제는 이 문화가 결국 공동체 상실로 귀결된다는 것이다. 공동체는 어떤 인간 집단이 서로 상호 작용을 하게 되면 그때그때 형성되는 것이 아니다. 진정한 공동체는 가치관, 규범, 구성원들이 공유하는 경험으로써 유대를 맺는다. 그러한 공통의 가치관이 깊고 강력할수록 공동체 의식도 강해진다. 그렇지만 개인의 자유와 공동체를 맞바꾸는 것을 명백하거나 필연적인 일로 보지 않는 이들도 많다. 사람들은 배우자, 가족, 이웃, 직장, 교회 등과 연결 짓는 전통에서 자유로워지면서도 사회적 연결이 유지될 것으로 기대했다. 하지만 그들은 자기 뜻대로 맺을 수도 있고 그만둘 수도 있는 선택적 친교 때문에 그들이 외롭고 길 잃은 기분이 들고 더 깊고 지속적인 관계를 갈망하게 되었음을 깨닫기 시작했다.[31]

근래에 이러한 진단에 힘입어 가장 주목을 받았던 학계 연구를 꼽자면 로버트 퍼트넘의 연구를 지목해야 할 것이다. 퍼트넘은 볼링 리그 참가자 수가 현저히 줄어든 현상이 사회적 네트워크의 전반적인 쇠락, 나아가 사회 자본의 잠식으로 이어질 징후라고 보았다. 그는 미국인들이 여전히 조직적 참여를 좋아하고 그 어느 때보다 활발하게 소통한다는 사실을 인정하면서도 "진짜 사람들과의 진짜 유대"는 기본적으로 부족하다고 보았다.[32] 퍼트넘의 에세이와 책은 그의 주장과 상반되는 발견을 한 사람들의 연구보다 압도적으로 많은 관심을 받았다.[33] 퍼트넘이 연구했던 조직들에서 구성원들의 소속감이 쇠퇴한 것은 사실이지만, 그 외 다른 조직에서는 소속감의 증대가 나타나기도 했다. 퍼트넘이 연구했던 특정 조직들에서 관찰된 쇠퇴만으로 추론해낼 수 있는 사실은 거의 없다. 단순히 그 조직들이 역사적으로 퇴물이 되어 다른 조직들로 대체되었을 뿐, 전반적인 인간관계의 변화를 입증하지는 못할 수도 있지 않은가. 미국의 사회 자본을 다룬 새로운 연구들에서는 혼합적인 양상이나 약간의 소속감 증대를 보고하는 등, 대부분 그리 큰 변화는 없었다는 결론을 내렸다.[34] 오직 퍼트넘만 미국인들의 집단의식이 쇠퇴했다고 보았고 이 발견에 기초해 "우리의 공적 생활의 퇴락", "사회 자본의 약화", "개인적 선을 외로이 추구하는" 시민들 운운하는 우울한 전망을 내놓은 것이다.[35]

사실, 퍼트넘의 결론을 받아들일 만한 근거는 거의 없다. 클로드 S. 피셔는 1970년 이후 미국인들의 인간관계가 양적으로나 질적으로나 크게 변하지 않았음을 아주 상세하게 입증해 보였다.[36] 물론 혼자 사는 사람들이 급증했다든가, 결혼 연령이 높아졌다든가, 친척들의 수가 줄어들었다든가 하는 변화들은 아주 많았다. 그렇지만 본질적으로 사람들의 사회성은 예나 지금이나 거의 변함없이 활발하다. 사회적으로 고립된 것으로 간주되는 인구의 비율도 사실상 변하지 않았다. 다만, 피셔는 한 가지 의미심장한 변화를 지목했는데 미국인들이 소속된 집단이나 조직의 수 자체는 예나 지금이나 별로 다르지 않지만, 그러한 조직 내에서의 활동은 예전만큼 활발하지 않다는 것이다.[37] 미국인들이 집단 구성원으로서의 유대감을 예전처럼 크게 생각하지는 않는 듯하다.

널리 인용되는 한 논문에서는 1985년에서 2004년 사이에 중요한 사안을 터놓고 의논할 상대가 한 명도 없는 미국인이 세 배로 늘었고 그 비율이 전체 인구의 4분의 1에 해당한다고 보고했다.[38] 이 연구는 즉시 대중 매체에서 상당한 논의를 불러일으켰고 다른 연구들에도 많이 인용되었다. 하지만 이 논문 저자들이 그러한 내용을 발표하면서 얼마나 유보적인 태도를 취했는지는 좀체 언급되지 않았다. 그들은 자기들의 발견이 확실한 것은 아니라고 분명히 밝혔고 사회적 고립 범위를 둘러싼 통계 수치들도 지나치게 높게 잡힌 것 같다고 말했다. 클로드 피셔는 이 연구에서 발견한 내용이 사실상 이 분야의 다른 모든 연구들의 내용과 매우 상충된다고, 더욱이 애초에 이 연구는 방법론적으로 약점이 있기 때문에 사회적 네트워크 변화에 대한 어떤 결론도 끌어낼 만

하지 않다고 지적했다.[39]

어디 그뿐인가, 개인주의의 증대 그 자체가 외로움 수준을 끌어올린다는 생각에는 아무런 근거가 없다. 개인주의 사회에서 집단주의 사회보다 외로움에 더 취약하다고 말하는 연구들이 있기는 하다.[40] 그러나 대부분의 연구에서는 그 반대를 말한다. 개인주의 사회보다 집단주의 사회에서 외로움을 느끼는 경우가 더 많다는 것이다.[41] 이탈리아, 그리스, 포르투갈 같은 남유럽 국가들은 외로움 경험 비율이 유독 높은 편이다. 서유럽보다는 동유럽이 높다.[42] 집단주의 성격이 매우 강한 일본은 외로움을 경험하는 비율이 세계에서 가장 높은 축에 든다. 덧붙여, 가족과의 유대가 외로움에 미치는 영향은 개인주의 사회보다 집단주의 사회에서 큰 반면, 친구들과의 유대가 외로움에 미치는 영향은 집단주의 사회보다 개인주의 사회에서 크다.[43] 그럼에도 불구하고 31개국 1만 3,000명의 학생을 조사한 어느 연구에서는 개인주의 사회보다 집단주의 사회에서 가족 관계에 대한 만족도가 더 크지는 않다는 결과가 나왔다.[44] 현대의 개인주의가 더 큰 외로움을 낳는다는 주장은 흔히 접할 수 있음에도 불구하고 실증적인 근거가 거의 없다고 하겠다.

자유로운 개인은 잘 지내고 있는 것으로 보인다. 자유로운 개인은 대부분 사회적 네트워크가 결여되어 있지 않지만, 그래도 완전한 자유와 소속의 불가능한 조합을 꿈꾼다. 자유로운 개인은 집단 속의 인간보다 타자들과의 인간관계가 더 협소하고 인간관계에 대한 의무감은 당연히 훨씬 더 희박하다고 주장하고 싶은 마음이 들 법도 하다. 그래서 자유로운 개인은 사회적인 면보다는 감정적인 면에서 외로움에 더 취약하다고 생각할 수도 있겠다. 하지만 감정적 외로움이 증대되었다는 주장을 뒷받침할 만한 근거는 없다. 사회적 외로움이라는 면에서 보면, 자유로운 개인은 분명히 사회가 빚어낸 산물이지만, 그와 동시에 누구와 더불어 사귈 것인가를 스스로 선택하기 원한다. 자유로운 개인은 분명히 자기애적인 경향이 있지만 그래도 타인들에게 마음을 쓴다.[45] 일반적으로 자유로운 개인은 무수한 자기모순을 품고도 그러한 모순을 그럭저럭 잘 관리하고 있는 듯 보인다.

외로움과 소셜 미디어

셀 수 없이 많은 책과 논문에서 소셜 미디어 사용의 심각한 결과들을 경고했다. 휴버트 드레이퍼스는 인터넷이 우리를 서로에게서 고립시키고 결과적으로 신뢰, 의무, 책임 의식을 서서히 약화시킨다고 보았다.[46] 셰리 터클도 소셜 미디어가 우리를 "함께 있으면서도 외롭게 만드는" 양상을 기술했다.[47] 지극히 음울하고 섬뜩한 묘사는 우리가 아이작 아시모프의 공상 과학 소설 『벌거벗은 태양』(1957)의 행성 솔라리아의 주민이 된 듯한 기분이 들게 한다. 솔라리아 사람들은 혼자 살든가 배우자하고만 산다. 그들은 태어날 때부터 남들과의 접촉을 피하는 법을 배운다. 그들 식으로 말하자면 만남과 앎을 포함하는 보기(seeing)를 피하고 그냥 보기(viewing)만 하면서 아바타를 이용해 가상 소통만 하면서 사는 것이다.

인터넷에 대한 초기 연구에서는 인터넷 사용의 확대가 상당히 부정적 영향을 미치고 외로움을 심화시킬 것이라고 보았다.[48] 그런데 이 연구의 저자들이 몇 년간 후속 연구를 전개하고서는 그러한 부정적 영향이 실제로는 나타나지 않았다는 결과를 보고했다.[49] 반면, 높은 인터넷 사용 비율이 주관적 웰빙 및 사회적 상호 작용과 관련이 있다는 연구가 나왔다. 게다가 이 연구 결과는 여타의 연구들에 의해 확증되기까지 했다.[50] 인터넷 사용을 실증적으로 연구한 결과, 인터넷을 활발하게 사용하는 사람들은 주로 가족 및 친구들과 관계를 유지하기 위해 인터넷을 사용하며 그들을 직접 만나기도 한다. 그 뿐만 아니라, 사회적 네트워크도 넓혀나가기 위해 인터넷을 사용하기도 한다.[51] 소셜 미디어에서 활동적인 사람들은 인터넷 밖에서도 사교 활동을 더 많이 하고 사회적 네트워크가 넓으며 자원봉사 조직에 대한 참여도가 높았다.[52] 소셜 미디어는 우리의 사교성을 떨어뜨리는 것이 아니라 높이는 것으로 보인다. 일반적으로 요즘 사람들은 예전 사람들보다 더 활발하게 가족 및 친구들과 교류한다.

3년에 걸쳐 2,000명의 노르웨이 청소년과 성인을 조사한 연구에서는 소셜 미디어를 사용하는 사람은 그렇지 않은 사람보다

지인의 수가 많고 이 지인들과의 물리적인 대면 접촉도 더 자주 갖는다고 밝혀주었다.[53] 이 결과는 소셜 미디어가 사교의 다른 형태들을 대체하지는 않는다는 연구 결과를 다시 한번 확증한다. 그렇지만 소셜 미디어 사용자들은 자기네가 소셜 미디어를 사용하지 않는 사람들보다 더 외롭다고 생각한다. 당연히 이 점은 소셜 미디어가 우리를 더욱 외롭게 만든다는 주장에 한몫을 할 수 있겠으나, 소셜 미디어 사용자들이 오히려 사교성이 더 뛰어나다는 연구 결과를 참작한다면 그들이 사회적 욕구가 더 크기 때문에 그 욕구를 충족하기가 어려운 것뿐이라고 볼 수도 있다. 실제로 외로운 사람들은 그렇지 않은 사람들보다 인터넷을 더 많이 사용하는 것으로 나타났다.[54] 게다가 어떤 연구들에 따르면 외로운 사람들은 소셜 미디어 사용 후에 외로움을 더 심하게 느끼는 듯하다.[55] 그럼에도 우리는 소셜 미디어가 외로움을 가중한다고 주장할 수는 없다. 소셜 미디어 사용이 폭발적으로 확대된 기간에 사람들이 겪는 외로움이 증대되었다고 볼 만한 근거가 전혀 없기 때문이다.

사실, 어떤 이들은 우리의 사교성이 지나치게 활발해져서 외로움을 느낄 새가 없다고, 오히려 억지로 타인들과의 고질적 접촉 속에서 살아가야만 하는 게 진짜 문제라고 불만을 토로한다.[56] 사회학자 돌턴 콘리는 여기서 한 걸음 더 나아가 개인(individual)이 '관계인(intravidual)'으로 대체되었다고 주장한다. 관계인이란 사회적 네트워크에 의해서만 자아가 지속될 수 있는 인간이다.[57] 이 주장은 분명히 과장된 감이 있지만 어쨌든 우리가 과거에 비해 사회적으로 더 고립되지는 않았다는 점이 핵심이다. 오히려 우리는 과도하게 사회적인 존재가 되었다. 따라서 자유로운 개인이 외로움과 관련하여 겪는 문제는 지나친 외로움이 아니라, 너무 사교적인 나머지 희박해진 고독이리라.

제 7 장

고독

Solitude

내 아내가 자고 있을 때,

아기와 캐슬린이 자고 있고

비단처럼 고운 안개 속

빛나는 나무 위로

태양이 하얗게 불타는 원반처럼 떠오르는 때,

그때 만약 내가 나의 북쪽 방에서

벌거벗은 채 거울을 마주하고

티셔츠를 머리 위로 휘두르며

기괴한 춤을 추고

"나는 외로워, 외로워,

나는 외롭게 살려고 태어난 사람,

외로운 내가 최고야!" 라고

나지막이 노래를 읊조린다면,

만약 내가 노란색 빛 가리개를 배경 삼아

나의 팔, 얼굴,

어깨, 옆구리, 엉덩이에 감탄한다면 ──

내가 내 가정의 행복한 천재임을
그 누가 부정하겠는가?

윌리엄 칼로스 윌리엄스, 「러시아 춤」

지금까지 이 책에서는 외로움을 광범위하게 고찰하면서 이 감정이 고통스럽기 때문에 가급적 피해야 할 것처럼 기술했다. 그러나 외로움의 또 다른 형태, 우리의 삶에 가치를 더해주기 때문에 마땅히 추구할 만한 긍정적인 형태의 외로움도 있다. 외로움은 대개 슬프고 비참한 것으로 묘사되지만 우리는 이 현상을 찬양해 마지않은 시인들과 철학자들을 다수 찾아볼 수 있다. 물론 그들이 찬양한 것은 외로움이라기보다는 고독에 가깝다. 외로움은 고독보다 명확하게 정의된다. 외로움의 근간에는 결핍이 있지만, 고독은 다양한 경험, 생각, 감정에 제한 없이 열려 있는 상태라고 할 수 있다. 외로움은 반드시 고통이나 불편한 느낌을 포함하지만, 고독은 꼭 특정한 감정을 포함하라는 법이 없다. 고독은 좋은 감정으로 다가오는 경우도 많고 아예 감정상 중립적일 수도 있다.

외로움과 고독이 반드시 상호 배타적인 것은 아니다. 가령, 외로움에 시달리는 사람은 고독에 대한 욕구를 느끼지 않을 것이다. 혼자 있고 싶다는 욕구를 느끼면서도 여전히 감정적·사회적 외로움에 고통 받는 사람도 있을 것이고, 혼자 있고 싶다는 욕구가 거의 없지만 정작 혼자 있어도 별 고통을 느끼지 않는 사람도 있을 것이다. 하지만 외로움에 시달리는 사람들은 대개 일부러 고독을 추구하지는 않는다.[1]

어쩌다 한 번씩 혼자 있고 싶은 욕구를 느끼는 것은 인간의 일반적 특징으로 보인다. 어린 시절이 지난 사람들이라면 누구나 그렇다. 제3장에서 살펴보았듯이 어린 시절은 외로움에 유독 민감한 시기다. 그렇지만 고독에 대한 욕구가 싹트기 시작하는 시기가 오면 어린 시절과는 달리 혼자 지내는 시간이 훨씬 긍정적으로 해석된다. 일곱 살짜리 아이들은 고독의 의미를 이해하기 힘들지만 스무 살 성인들은 대부분 그 의미를 안다.[2] 사춘기 초기부터 혼자 있는 시간이 늘어나기 시작하고 그러한 상태를 의도적으로 추구하는 태도가 나타난다. 사실, 사춘기에 혼자 있기를 좋아했던 사람들이 혼자 있는 시간을 잘 받아들이지 못했던 사람들보다 나중에 더 뛰어난 사회적 적응력을 보인다고 한다.[3]

철학에서 고독의 긍정적 의미를 둘러싼 논의는 적어도 고대 이후로 줄곧 이어진 하나의 주제였다. 키케로는 인간이 타인들과 더불어 공동체를 이루기 위해 태어난 피조물이라고 했다. 고독은 인간의 본성과 충돌한다.[4] 사회 유지는 언급하지 않고 공동체에 대한 의무에 앞서 진리 추구에 고독하게 헌신하는 자는 키케로의 기준으로 보자면 빼도 박도 못하게 부도덕한 인간이다.[5]

고독과 외로움을 체계적으로 확실하게 구별하려고 했던 최초의 인물은 아마 요한 게오르크 치머만일 것이다. 그의 1,600쪽 짜리 저작 『고독』(1784~1785)에 따르면, 고독과 외로움은 각기 긍정적인 원인들과 부정적인 원인들에서 비롯된다. 치머만은 부정적인 원인들로 게으름, 인간 혐오, 권태, 특히 당시에는 우울(melancholy)과 동의어로 통했던 '울증(hypochondria)'을 꼽는다. 치머만은 은둔자들과 수도승들의 '몽상'에 대해서도 비판적이었다. 그러한 외로움이 인간 혐오와 의기소침을 낳는다고 보았기 때문이다. 그렇지만 고독은 자유와 독립을 빚어낸다. 마음 편히 일에 전념할 수 있고 좋은 성품, 영혼의 고양에도 도움이 된다. 치머만은 그래도 고독이 사람들과의 상호 작용과 병행되어야만 한다고 강조했다. 사실 그는 "참다운 지혜는 고독과 세상의 중간에 있기 때문에" 기본적으로 고독의 친구와 적 양쪽 모두로부터 안전한 거리를 취하는 중간 입장을 찾으려고 했다.[6] 하지만 치머만의 분석이 공동체의 옹호보다는 고독의 옹호에 더 가깝다는 지적은 반드시 하고 넘어가야겠다. 고독은 한 사람에게 "자신의 진정한 욕구들"을 보여준다.[7] 공동체는 무엇보다 기분 전환과 가십의 사회적 장으로 간주된다.[8] 고독은 진정한 인정과 진정한 삶을 품고 있지만 사회는 대체로 거짓의 장이다.

크리스티안 가르베는 두 권짜리 저작 『사회와 고독에 대하여』(1979~1800)에서 균형 잡힌 시선을 제시하려 했지만 실상은 사회의 중요성에 좀 더 치우치는 감이 있다.[9] 가르베도 고독이 자유와 어떤 것에 전념할 수 있는 가능성을 준다고 강조하기는 했다.[10]

그는 위대한 철학자들과 천재 시인들이 모두 고독을 사랑했다고 말했다.[11] 그렇지만 고독은 사람을 우울하게 만들고 병적 상태에 빠지게 하기 쉬우므로 연약하고 보잘것없는 영혼들에게는 완전히 위험하다. 따라서 위대한 철학자들과 시인들조차도 고독은 어쩌다 가끔만 추구해야 하는 것이다.[12] 가르베에게 사회는 규칙, 고독은 예외였다.

칸트도 혼자 있고 싶어 하는 저급한 이유와 찬탄할 만한 이유를 구분해서 언급한 바 있다.

그렇지만 우리는 '모든 사회로부터의 격리'가 모든 감성적 이해관계를 넘어선 관념들에 근거할 때에만 숭고한 것으로 간주된다는 점을 짚고 넘어가야 한다. 자기 자신으로 충분한 것, 결과적으로 사회를 필요로 하지 않는 것, 그러면서도 비사교적인 존재가 아니며 사회로부터 도망치지도 않는 것은 숭고함에 가까운 그 무엇이다. 다른 한편으로, 인간들에게 원한을 품기 때문에 그들로부터 '인간 혐오'로부터 도망치는 것, 혹은 인간을 적으로 보고 '인간 공포(수줍음)'로 인하여 도망치는 것은 일부분 가증스럽고 일부분 경멸할 만하다. 실제로 올바른 생각을 지닌 이들이 나이가 들어감에 따라 (매우 부적절한 명칭이기는 하나 이른바) 인간 혐오 쪽으로 기우는 경향을 곧잘 보인다. 그들의 경향은 인간에 대한 '선의'에 관한 한 충분히 박애주의적이지만 길고 서글픈 경험을 통하여 인간에 대한 '만족'과는 동떨어지고 만다. 고독을

추구하려는 성향이 그 증거다.[13]

그 외에도 칸트는 박식한 철학자가 혼자 식사를 해서는 안 된
다고 충고했다. 혼자 식사를 한다면 그는 정신적 즐거움과 활력
을 잃고, 사유를 고갈시키고, 타인들과 대화를 나누면서 즐길 수
도 있었을 그러한 사유들을 놓치게 된다.[14] 철학자가 사교를 추구
해야 한다는 생각을 이렇게 강조한 것은 오히려 이례적이다. 앞
으로 보겠지만 고독을 철학적 분별력의 전제 조건처럼 생각하는
태도가 더 일반적이기 때문이다.

고독과 분별력

철학자들은 곧잘 고독을 긍정적인 것, 진리에 더 가까이 다가가
는 성찰에 특히 유리한 공간이라고 강조해왔다.[15] 데카르트는 진
정으로 사유에 전념하기 위해 도시와 친숙한 이들에게서 떠나 시
골에서 고독을 추구하게 되는 사정을 강조했다.[16] 그는 또한 여러
서신에서 자신이 고독을 얼마나 사랑하는지 고백하곤 했다.

아리스토텔레스는 최고의 인생은 관조적인 삶이라고 주장했
다. 관조적인 삶은 고독 속에서 살아갈 수 있는 삶이다. 다른 덕
은 모두 타인들과 더불어 살면서 실천해야 하지만 현자는 다른
사람들보다 한층 독립적이며 자신의 일을 홀로 수행할 수 있다.

"현자는 협력자들과 더불어 일을 더 잘할 수 있겠지만 그래도 지극히 자기로서 충분한 인물이다."[17] 관조적인 삶은 고독 속에서 영위할 수도 있는 삶이지만 고독해야만 영위할 수 있는 삶은 아니다.

중세에 고독은 일반적으로 종교적 맥락 안에서 신에게 가까이 다가가는 특별한 기회 비슷하게 인식되었다. 고독을 '문제'로 보는 일은 거의 없었다.[18] 혹은, 고독이 신과의 관계가 결여될 때만 문제가 됐다고 할까.[19] 인간은 고독 속에서, 버림받은 듯한 감정 속에서 영적으로 단련을 받고 다시 한번 자기 자신을 신에게 연다.

르네상스 시대에는 학식 있는 자는 고독하게 자기 연구를 밀고 나가야 한다는 생각이 널리 퍼져 있었다. 페트라르카는 아마도 고독이라는 주제로 책 한 권을 쓴 최초의 인물일 것이다. 『고독한 삶』(1346~1356)이 바로 그 책이다.[20] 이 책은 모든 지식인은 도시와 뭇사람들을 피해 고독을 추구해야 한다는 페트라르카의 논지로 시작된다. 고독을 추구하면 타자들의 요구에서 자유로워지고 자기 삶의 방식을 선택할 수가 있다. 그러나 고독한 이는 모름지기 책을 벗 삼아야 한다. "사실 문학이 없는 고립은 유배, 옥살이, 고문이다."[21] 그렇지만 고독 그 자체가 평온을 보장하지는 않는다. 정신이 맑아야만 마음도 평온할 수 있기 때문이다. 게다가 페트라르카는 고독이 우정과 양립할 수 있는 것이라고, 친구가 없는 것보다는 고독을 모르는 편이 낫다고 말했다.

미셸 드 몽테뉴는 고독에 대해서 "고독의 목적은 좀 더 한가로이 편안하게 살고자 함에 있다."라고 말했다.[22] 그는 고독이 기본적으로 어디서든지, 즉 도시의 한복판에서든 왕궁에서든 얻을 수 있지만 혼자 있을 때 가장 잘 얻을 수 있다고 보았다. 그는 또한 고독이 젊을 때보다 노년에 더 적합하다고, 다른 사람들을 위해서 오랜 세월을 살았다면 그 후에는 자기를 위해 살 자격이 있다고 생각했다.[23] 몽테뉴는 그와 동시에 고독에는 어떤 요구가 따른다는 점을 강조했다. "우리의 만족은 전적으로 우리 자신에게 달린 것이어야 한다."라고 우리가 다짐해야 하기 때문이다.[24] 게다가 사람은 영광이나 명성을 바라보고 추구하느라 시간을 낭비해서는 안 된다. 그러한 사람은 여전히 자기 외적인 것에 매여 있는 것이기 때문이다.

이제 세상이 그대에 대해 어떤 말을 하는지에 관심을 두지 말고 그대가 자기 자신과 어떻게 말할지 생각하라. 자기 자신에게로 달아나라. 그러나 먼저 그곳에서 자기 자신을 받아들일 준비를 하라. ─그대가 자기 자신을 지배할 줄 모른다면 자기 손에 자기를 맡기는 것은 미친 짓이다. 고독 속에서도 사람들과 더불어 있을 때처럼 잘못을 저지를 수 있는 법이니.[25]

사람은 모름지기 자신의 감정과 생각을 가다듬으려 해야 한다.[26]

랠프 월도 에머슨은 오직 고독 속에서만 자기 자신을 알 수가 있고, 이때에도 그저 타인들과의 교제에서 물러나는 것으로는 충분치 않으며 읽기와 쓰기마저 단념하고서 별들과 더불어 혼자가 되어야만 한다고 말했다.[27] 에머슨은 고독을 피할 수 없는 것이자 적극적으로 추구해야만 하는 것으로 보았다. 그는 인간이 반드시 타자를 필요로 하지만 타자와의 만남은 잠깐일 뿐이라고 지적했다. 에머슨의 표현에 따르면 타자와 닿는 느낌은 순간적이고 날카롭다.[28] 그러므로 인간은 언제나 고독으로 회귀하고, 인간에게 길을 열어주는 것 또한 타자들과의 공존이 아니라 고독이다. 워즈워스도 "번잡스러운 세상" 때문에 우리의 "더 나은 자아"와 이별했다가 마침내 고독을 되찾은 축복을 노래했을 때 거의 비슷한 생각을 하고 있었던 듯 보인다.[29]

아르투어 쇼펜하우어에 따르면, 인간은 그가 고독한 정도만큼만 자기 자신일 수 있고 자유로울 수 있다.[30] 그러므로 젊은이들은 마땅히 고독을 견디는 법을 배워야 한다.[31] 본질적으로 인간은 오직 자기 자신하고만 조화롭게 살 수 있으며 서로 다른 개인들 간의 관계에서는 언제나 불화가 일어날 수 있으므로 제아무리 가까운 친구나 평생의 동반자라고 해도 타인과는 조화로운 관계가 불가능하다.[32] 그렇지만 인간적 애착에 대한 우리의 욕구는 상당히 크다. 쇼펜하우어는 이 욕구가 기본적으로 지성이 부족한 이들의 특징이라고, 한 사람의 지적 가치와 사교에 대한 갈망은 반비례 관계에 있다고 보았다.[33] 게다가 이 갈망은 선천적인 것이 아니고 고독을 잘 참아내지 못한 결과일 뿐이다.[34] 고독에 대한 두려움이 타인들을 향한 애정보다 기본적인 감정이지만, 행복한 삶을 영위하려면 그러한 두려움을 극복해야 한다.

프리드리히 니체의 관점도 비슷했다. 고독은 그의 글에서 곧잘 '집'으로 묘사되었다. 그는 광야라는 은유를 자주 구사했는데, 광야는 우리가 사회의 일부로서 살아갈 때 잃어버리는 침착성을 되찾게 되는 공간이다.

나는 많은 이들과 함께 있을 때에는 그들과 똑같이 살아가며 내가 진정으로 생각하는 것처럼 생각하지 않는다. 시간이 지나고 나서 보면 늘 그들이 나를 나 자신으로부터 추방시키고 내 영혼을 강탈하려 했던 것만 같다.[35]

공동체를 떠나 고독을 추구해야만 "더 나은 자아"를 발견할 수 있다. 니체에 따르면 타인들과의 상호 작용은 더러 좋을 때도 있지만 대체로는 그렇지 않기 때문에, 결국 안도하면서 고독의 품으로 돌아오게 마련이다.[36] 니체가 생각하기에, 혼자 사는 이에게 타인은, 설령 이 타인이 친구라고 해도, 자기 자신과의 대화에 거치적거리는 방해꾼이다. "고독한 자에게 친구는 언제나 제삼자다. 제삼자는 둘의 대화가 깊이 내려가지 못하게 막는 코르크 부표다."[37] 고독은 인간 사회가 자기를 더럽히는 것을 허용하기보다는 "깨끗해지고자 하는 숭고한 경향"을 보여주는 "덕"이다.[38] 그렇지만 좋은 고독과 나쁜 고독이 따로 있으므로 모름지기 "좋은 고독, 자유롭고 정신적으로 고양되고 마음이 가벼워지는 고독"을 선택하도록 힘써야 할 것이다.[39] 그럼에도 불구하고 고독을 견디는 역량은 배우고 익혀야만 얻을 수 있는 것이다.[40] 모두가 좋은 고독을 발견할 수는 없다. "고독 속에서는 우리가 그 안에 끌고 들어올 수 있는 모든 것이, 내면의 짐승마저도, 성장을 한다. 이러한 까닭으로 고독은 많은 이에게 권할 만한 것이 못 된다."[41] 어떤 경우에도 너무 일찍부터 고독에 몰두해서는 안 된다. 자신의 성격을 계발한 후에 비로소 고독에 들어가야 한다.[42] 그러면서도 다른 한편으로 니체는 인간이 오직 고독 속에서만 자신의 참다운 성격을 계발할 수 있다고 생각했던 것 같다.

마르틴 하이데거의 철학에서 고독을 다루지 않았다는 점은 충분히 놀랍다. 내가 아는 한, 『존재와 시간』(1927)에서 이 단어는 언급된 적이 없다. 그렇지만 고독이라는 현상 자체는 하이데거의 1929~1930년 강의에서 간략하게 다뤄진 바 있고 그의 후기 원고에도 드문드문 고립적으로 나타난다. 그래도 그의 저작에서 고독을 전체적으로 다룬 적은 없다. 하이데거 철학의 주요한 문제 중 하나는 다음이다. 즉, '나'는 '명증성(증명할 필요 없음)'의 벽을 치고 자기로부터 숨는 경향이 있다.[43] 그러나 목표는 자아를 투명하게 함으로써 진정한 삶을 이해하는 것이다.[44] 우리의 존재는 언제나 더불어-있음(Being-with, Mitsein)이요, 타자들과 더불어-존재함(being-with others)은 세계-내-존재(Being-in-the-world,

In-der-Welt-sein)만큼이나 본질적이다.[45] 이것이 곧 고독이 존재할 수 있는 이유다. 타자들이 이미 내 삶의 일부가 아니라면 고독은 아예 존재하지도 않을 것이요, 따라서 고독이 문제 될 일도 없다. 더불어-있음은 타자들과 더불어 존재하지 않음과 완전히 병행될 수 있다. 은둔 생활을 한다고 해도 마찬가지다. 은둔자조차도 자기가 세계 내에서 타아들과 함께 존재한다는 생각을 피할 수는 없을 테니까.[46] 하지만 하이데거는 홀로 남겨진 존재가 실제로는 그 무엇보다 인간의 선천적 조건임을 강조하는 경향이 있다. 우리들 한 사람 한 사람은 반드시 죽을 수밖에 없다.[47] 우리의 존재는 죽음을-향한-존재(Being-toward-death, Sein-zum-Tode)다. 죽음은 나라는 존재에 대한 부정이지만 그래도 나는 언제나 죽음을 향해 나아가고 있다. 죽음은 개개인의 것이다. 장차 죽을 이는 나, 다름 아닌 나 자신이다. 타인이 나 대신 청소나 식사 준비를 해줄 수는 있겠지만 아무도 나를 대신해 죽을 수는 없다. 죽음은 "나의" 죽음, 그 자체가 우리에게는 불안으로 다가오는 "에고의 죽음"이다.[48] 죽음은 오직 나 혼자만의 일이므로 불안은 나를 개별화하고 나를 나 자신에게로 물러나게 한다. 그렇지만 하이데거의 주장대로라면 그러한 물러남은 모든 타자들과의 유대가 갈가리 찢어지게 되는 조건이기도 하다. 그러한 찢어짐은 자유, 진실, 현실성 속에서 살아가기 위한 전제 조건이다.[49] 하이데거는 우리의 구체적인 더불어-있음이 이 조건 속에서 무용지물이 된다고 주장했다.[50] 그는 "실존적 유아론(唯我

論)"이라는 표현을 썼는데 이는 실존적 의미에서는 오직 '나'만 존재한다는 뜻이다.[51] 우리는 바로 이러한 상태에서 완전히 자기 자신에게 기대게 되고 타자들과의 모두 연결은 끊어진다. 우리가 자유와 진리에 돌입하게 될 때, 그 자유와 진리는 타자들과 연결 고리가 없다. 철학적 분별력이 고독을 요구한다는 하이데거의 주장에는 이러한 배경이 깔려 있다. 고독은 하이데거에게 기본적으로 퇴행적인 현상에 해당한다. 홀로 존재함은 타자들과 더불어 존재함보다 하위에 있는 것으로 묘사된다. 하지만 그와 동시에 고독은 하이데거에게 진정한 삶의 전제 조건이기도 하다. 나아가, 진정한 공동체의 전제 조건이기도 하다. 일례로 그는 공동체를 위하는 것임은 분명하나 공동체 속에서가 아니라 개인의 고독 속에서만 성장하는 것들이 있다고 썼다.[52] 하이데거는 자기 인식 으로 가는 길이 고독을 경유한다고 생각했다. 그는 또한 사람들 은 고독을 통하여 만물의 본질에 다가간다고, 세계와 자아에 가 까워진다고 썼다.[53] 우리는 고독 속에서만 본연의 우리 자신이 된 다. 그리고 모든 참된 철학은 "수수께끼 같은 고독" 속에서 발생 한다.[54]

고독이 통찰과 진정한 삶의 전제 조건이라는 생각은 대니얼 디 포의 유명한 소설 「로빈슨 크루소」(1719)에서도 찾아볼 수 있다. 이 소설은 고독의 정화하는 힘을 다룬 교훈적 이야기라고 보아 도 좋다. 로빈슨은 원래 자신의 타락한 본성과 시대의 때가 묻 은 채로 살아가던 상인이다. 그는 섬에 고립되고 나서 자신의 죄

많은 생을 후회하고 하느님과 새로운 관계를 맺는다. 결국 그는 야만인 프라이데이를 그리스도교에 귀의시킴으로써 자신이 선한 크리스천임을 증명해 보인다. 로빈슨 크루소는 새 사람, 더 나은 사람이 된 후에야 비로소 사회로 돌아갈 수 있다. 이 도덕적 우화를 어떻게 생각하느냐는 사람마다 자유지만, 고독이 사람을 무너뜨릴 수도 있고 자기 자신이나 타자와 더 나은 새로운 관계를 촉진할 수도 있다는 이중적 성격을 지닌다는 점은 분명하다.

루소와, 고독이 끼치는 실망

고독이 반드시 고독을 추구하는 자에게 열려 있으라는 법은 없다. 그 일례로 장 자크 루소를 보라. 그의 책『고독한 산책자의 몽상』(1776~1778)에서는 일견 고독을 긍정적으로 그리는 듯하나 좀 더 자세히 살펴보면 상당한 양가적 감정을 감지할 수 있다. 루소의 글에는 고독의 발견이 얼마나 경이로운지 상세히 기술한 대목이 무수히 많은데도 행간에서—때로는 아예 명시적인 진술에서도—정반대의 감정을 명백히 짚어낼 수 있다는 점에서 매우 특이하다.[55] 루소는 자기가 박해당하는 고독한 천재라고 생각한다. 첫 번째 산책에서부터 그러한 분위기가 깔린다.

이제 지상에는 나 혼자다. 나 자신 외에는 형제도, 이웃도, 친구도, 사회도 없다. 가장 사교적이고 가장 정 많은 인간이 만장일치의 결정으로 사회에서 내쫓기고 만 것이다. 그들은 극도의 미움으로, 나의 감수성 예민한 영혼에 가장 잔혹한 고통이 어떤 것일까를 연구하여 나와 그들을 이어주었던 모든 관계의 끈을 난폭하게 끊어버렸다.[56]

　루소의 글에서는 자신을 향한 적들의 음모에 대한 그의 피해망상이 상당 부분을 차지한다. 사실 루소의 '고독한' 산책은 타자들이 그의 머릿속을 너무 많이 차지한 나머지 과연 고독하다고 볼 수 있을까 싶기도 하다. 루소의 삶에서 고독은 끊임없는 현실이었다. 흔히들 생각하는 외로운 사람의 성격적 특징들──불신, 이기심, 타인들에게 부정적인 태도, 자기는 남들과 완전히 다르다는 생각 등등──의 극단적 표현으로 똘똘 뭉친 인간이 루소였다. 그는 친구들을 사귀곤 했지만 그 우정들은 예외 없이 전부 파탄났다. 루소를 재수 없는 인간으로 묘사하지 않기란 어렵지만 그 자신은 다음과 같이 말했다. "악행에 대해서라면 나는 평생 내 의지로 그런 것을 즐긴 적이 없다. 나보다 더 악행을 마뜩잖게 여기는 이가 세상에 있을까 싶다."[57]

　루소의 철학에서 고독은 인간의 시작이자 끝이다. 인간이 자유롭고 평등하며 자족적이고 편견이 없는 자연 상태에서는 고독이 더 두드러진다. "자연인은 자기가 전부다. 그는 숫자로 표현하자면 자기 자신 혹은 같은 인간들하고만 관계가 있는 한 단위로서의 수, 정수(整數)다."[58] 자연인은 고독하고, 야만적이고, 행복하고, 선하다.[59] 훗날 칸트가 지적했듯이 루소가 묘사하는 자연 상태는 지나치게 장밋빛이어서 도대체 왜 인간이 그러한 조건을 버렸는지 이해가 되지 않을 정도다.[60] 어쨌든 루소는 "우연의 산물"[61]이라는 언급과, 몇몇 자연 상황들에 대한 전반적 언급[62] 외에는 이렇다 할 대답을 주지 않았다. 고독은 자연 상태에서 두드러지는데 이건 좋은 고독이다. 반면에 문명인은 불행하고 부도덕하다. 문명은 인간을 망쳐놓았고 좋은 고독을 앗아갔다. 그러므로 인생의 목표는 그러한 고독을 되찾는 것이요, 인간은 그 후에야 비로소 진정으로 행복할 수 있다.

루소는 이러한 삶의 금과옥조를 수립한 후에 『고독한 산책자의 몽상』에서 고독의 실제 경험을 묘사했다. 루소의 주장대로라면 『고독한 산책자의 몽상』에 묘사된 고독은 지상에서 누릴 수 있는 기쁨의 전형이어야 하겠지만 그렇지가 않다. 두 번째 산책과 세 번째 산책 뿐만 아니라 특히 다섯 번째 산책에서는 고독을 긍정적으로 바라보지만, 글 전체에는 뭔가 슬프고 무겁고 절망적인 느낌이 글 전체에 깔려 있다. 그렇지만 고독은 안전한 피난처로 묘사되기도 한다. 특히 첫 번째 산책과 여덟 번째 산책에서는 고독한 자는 아무에게도 상처를 받지 않는다는 생각을 강조한다. 고독은 인간이 그 순간에 온전히 현존함으로써 지상과 신비로운 합일과 조화를 이루는 조건으로 묘사된다. 이러한 상태에서는 인간도 신과 같이 스스로 족하다. 하지만 루소는 결코 고독을 유지하지 못했고, 소속감을 느끼지 못하는 사회일지언정 언제나 새로운 갈등을 안고 반복적으로 사회로 돌아가야만 했다. 기본적으로 그러한 갈등이 그의 정신적 연료였던 것으로 보인다. 자연 상태가 그토록 좋은데 왜 인간이 그 상태를 버렸는지 의문스럽듯, 루소가 정말로 고독에 경탄했다면 왜 항상 결국은 고독을 버렸는지도 의문시할 수 있다. 루소는 이상적인 고독의 그림을 마법처럼 보여주었지만 그에게 현실의 고독은 늘 실망스러웠다.

고독에 도달하기

타인들과 완전히 고립되어 살아가는 사람은 극소수다. 은둔자들조차도 대부분은 자기들끼리 공동체를 이루고 살았다. 그들은 더 큰 공동체에서 벗어나 사회의 주변부, 주로 지리적으로 아주 외진 곳에 소규모 공동체를 건설했다. 현대 문학계에서 가장 유명한 은둔자 가운데 한 명인 헨리 데이비드 소로는 1845년부터 1847년까지 적어도 2년을 월든 호숫가에서 살았지만 분명히 사회적 상호 작용 없이 산 것은 아니었다. 어쨌거나 소로는 콩코드 마을에서 불과 도보 30분 거리에 살았고 기꺼이 선술집에 들르거나 가족과 친구들을 방문하곤 했다. 그는 자기 생활에 즐길 것이 다양하지 않다는 사실을 감추지도 않았고 적어도 하루 걸러한 번은 마을까지 걸어가 최근의 소문을 듣는 재미가 얼마나 쏠

쏠한지도 고백했다. 게다가 많은 이들이 그를 찾아왔고, 그의 어머니는 집에서 만든 먹거리를 가져다주러 으레 드나들었다. 그러므로 소로가 자기는 혼자 있기를 좋아한다고, 고독보다 더 좋은 사귐은 상상할 수 없다고 썼을 때,[63] 그것은 별로 인상에 남지 않는다. 소로의 고독은 이렇듯 언제라도 원하기만 하면 버릴 수 있는 고독이다. 그렇지만 에드워드 애비의 고독은 또 다른 경험이다. 그는 사람 구경하기도 힘든 국립 공원에서 일하는 젊은이의 삶이 어떤 것인지 기술했다. 그는 지독한 외로움에 격렬하게 반응한 나머지 더불어 지내는 삶이 혼자 지내는 삶보다 유일하게 더 나은 것임을 깨달았다.[64]

소로의 목표는 고독 속에서 발견하는 자유였다. 소로에게 자유는 자기가 원하는 대로 할 수 있는 능력이었다. 고독은 나를 산만해지지 않게 하고 타인이 나에게 뭔가를 요구하지 못하게 함으로써 이 자유를 신장시킨다. 그렇지만 이 정도는 자연 속에서 홀로 지내든 대도시에서 지내든 상관없이 성취할 수 있다. 소로도 이 점을 인정했다. 그는 생각하는 사람들은 늘 고독하다고, 그 고독은 사람과 사람 사이의 물리적 거리로 측정되지 않는다고 말했다.[65] 외로움과 마찬가지로 고독도 뭇사람들에게 둘러싸여 지내면서도 얼마든지 느낄 수 있다. 당사자가 자기 자신을 주위로부터 격리하기만 한다면 말이다.

물리적으로는 늘 사람들에게 둘러싸여 지내더라도 그들과 아무 관계도 맺지 않는 고독의 상태에 있을 수도 있다. 예를 들어 여러분이 몽상에 빠지거나 상념에 젖거나 어떤 일에 정신없이 몰두해 있을 때가 그렇다. 나는 이 책의 도입부인 '들어가는 글'에서 대도시 속의 고독에 대한 여러 저자들의 묘사를 인용했다. 대도시에 사는 사람들은 군중 속에 있어도 이루 말할 수 없이 외롭다. 그렇지만 대도시가 고독을 추구할 기회를 제공해주기도 한다. 여기서는 익명성을 요하는 고독의 유형을 즐길 수가 있다. 작은 지역 사회에서는 아는 사람을 마주쳐 고독이 깨질 확률이 높기 때문에 그러기가 쉽지 않다. 이를테면, 카페 직원이 여러분을 알아보고 여러분이 무엇을 주문할지 예측하는 게—우리 모두는 결국 습관의 동물이니까—싫다면 매일 똑같은 카페를 가지 않는 게 중요하다. 카페 직원이나 다른 단골손님이 여러분에게 고갯짓으로 아는 체를 하면, 설령 그들이 여러분에 대해서 중요한 사실은 무엇 하나 알지 못할지라도 여러분이 바라던 익명성은 줄어들기 시작한다.

사생활은 제도화된 고독의 한 종류이며 우리가 안전하게 철수해도 좋은 공간이다. 고독을 전체주의 사회에서 누리기 어려운 이유는 그 사회에서 사생활이 거의 폐기되었기 때문이다. 전체주의 사회는 애초에 사생활의 전개가 불가능하게끔 조직되었다. 사실, 그러한 사회는 우리가 상상할 수 있는 가장 높은 수준의 외로움을 낳는다. 고독은 자유 공간이다. 사적인 영역의 수립이야말로 그러한 자유를 안전하게 지키는 열쇠다. 프리드리히 하이에크는 다음과 같이 썼다. "그러므로 자유는 개인이 사적인 영역을 보장받고 타인들이 간섭할 수 없는 환경 속의 일련의 상황들이 있음을 전제로 한다."[66] '사적인'이라는 개념은 시간과 공간에 따라서 달라지고, 사생활에는 그 나름의 역사가 있다.[67] 그렇지만 모든 문화권에는 어느 정도 사생활 개념이 있다.[68] 자유는 '자기 자신'의 방식대로 자신의 삶을 살 수 있는 자유여야 한다. 이 자유는 사생활을 전제로 한다. 그 이유는 사생활이야말로 '자기 자신'이 형성될 수 있는 영역이기 때문이다. 사생활은 기본적으로 사람이 자기에게 몰두할 수 있고, 자기반성을 할 수 있고, 자기 자신을 잊든가 다른 상황에서는 표현하지 못했을, 혹은 그 영역 밖에서는 표현하면 안 되는 자아의 여러 측면을 발현시킬 수 있는 독립적인 공간을 형성한다. 삶의 어떤 부분은 우리가 완전히 혼자 있다는 전제에서만 존재할 수 있다. 이 장 첫머리에 인용한 윌리엄 칼로스 윌리엄스의 시 「러시아 춤」에서 거울 앞에서 벌거 벗은 채 춤을 추는 화자는 나쁜 일을 하는 게 아니지만 다른 사람들이 자신의 그런 모습을 보기는 원치 않을 것이다. 그는 혼자 있을 때에만 드러나는 자신의 어떤 면을 자기에게 보여주는 중이니까. 슈퍼맨의 은거지 이름은 '고독의 요새'이다. 고독의 요새는 슈퍼맨이 진정한 자기 자신이 될 수 있는 유일한 곳, 그가 주변 세상에 다른 페르소나를 보여주지 않아도 되는 곳이다. 슈퍼 히어로가 아닌 우리도 그런 공간을 필요로 한다. 존 스튜어트 밀이 일찍이 말한 대로다.

인간이 강제로 동족들과 항상 함께 있는 것은 좋지 않다. 고독이 근절되어버린 세계란 매우 형편없는 이상(理想)이다. 때때로 혼자 있음이라는 의미의 고독은 명상이나 성품의 깊이를 더하기 위해 반드시 필요한 것이다. 자연스러운 아름다움과 위대함이 있는 고독은 개인뿐만 아니라 사회가 병들지 않기 위해서도 꼭 필요한 사유와 열망의 요람이다.[69]

우리가 가장 자주 혼자가 되는 곳은 우리의 집이다.[70] 그래서 집은 고독과 외로움 양쪽 모두에게 중심적인 장소다. 그렇지만 나는 앞에서 고독이 사생활의 틀 속에서만 실현될 수 있다고 썼는데, 이 말은 사생활이 보장되기만 하면 필연적으로 고독이 실현된다는 뜻이 아니다. 고독이 한 점도 깃들지 않는 사생활은 심히 외로운 것이 될 수도 있다. 만성적으로, 특히 소셜 미디어 사용을 통하여 타인들과 교류가 끊이지 않는 사생활을 유지하다 보니 고독이고 외로움이고 끼어들 새가 없을 수도 있다. 그러므로 사생활이 고독을 보장하지는 않으며, 고독은 스스로의 노력을 요한다. 반면 폭발할 듯 타인들로 꽉 찬 사생활, 특히 가족들의 요구에 시달리는 사생활은 얼마든지 상상할 수 있다. 이 경우에는 오히려 사생활의 영역을 벗어나 공적 공간으로 들어가야만 고독을 느낄 수 있을 것이다.

타자들의 시선에서 자유로워지기

고독을 사생활의 틀 안에서만 누려야 하는 것은 아니지만, 고독을 가장 쉽게 실감할 수 있는 영역이 사생활이다. 그 이유는 우리가 타자들의 시선의 대상이 되기만 해도 우리와 타자들의 관계에 영향이 미치기 때문이다.

장폴 사르트르는 인간을 외로운 존재로 기술하면서 인간이 세상 속에서 자기 위치를 인식하려면 반드시 외로움이 불러일으키는 아픔을 경험해야 한다고 했다. 그렇지만 인생은 항상 타자들과의 공존 속에서 구체적 현실이 된다. 이 말이 한 인간이 먼저 스스로 존재하고 그 후에 타자들에게 합류한다는 식으로 해석되어서는 안 된다. 인간의 실존은 언제나 필연적으로 더불어-있음이다. 더불어-있음은 사실 우리가 우리 자신을 알기 위해 반드시 전제되어야 하는 조건이다. 우리는 다른 사람들의 눈을 통해서 우리 자신을 알게 된다. 공원 벤치에 앉아 주위에서 일어나는 일을 구경하고 있다 치자. 나는 이 모든 것의 중심점이요, 모든 것이 오로지 나를 위해 존재한다. 나는 '주체'로서 주위의 모든 것을 대상으로 변모시킨다. 그러다 불현듯 다른 사람이 내 시야에 들어온다. 처음에는 그 사람도 그저 어쩌다 눈에 띈 또 하나의 대상으로 보인다. 하지만 그 사람도 나와 동일한 방식으로 주위 환경과 관계 맺고 있음을 알아차리고 나면, 더는 그를 여타의 대상들과 마찬가지일 뿐이라고 생각할 수 없다. 타자도 주체요, 그렇다면 그는 내가 보는 이 사물들만 보는 게 아니라 나도 볼 수 있다. 그 사람은 이런 식으로 나를 그의 대상으로 변모시킨다. 타인은 이때 비로소 나와 어깨를 나란히 하는 존재가 된다. 그를 주체로 인정해야 한다는 요구가 나에게 주어진 까닭이다. 어디 그뿐인가. 나와 나 자신의 참된 관계도 이때 비로소 가능해진다. 타자의 시선의 대상이 되는 경험은 나 자신을 보게 한다. 예를 들어 여러분이 문밖에 서서 방 안에서 무슨 말이 들리는지 엿듣는 상황을 머릿속에 그려보자. 여러분은 문 너머에서 무슨 일이 일어나고 있는가에 온통 정신이 팔려 있다. 그런데 문득 누군가가 어깨를 톡톡 치는 바람에 남의 말을 엿듣다가 들킨 여러분은 얼굴이 확 달아오른다. 말하자면 타자의 시선에 엿듣는 사람으로 비치고 나서야 여러분은 자기가 엿듣고 있음을 제대로 자각하는 것이다.[71] 다시 말해, 인간은 자신에 대한 타자의 판단을 통하여 자기를 인식한다. 타자는 자신의 눈으로 여러분을 판단하는 자이며, 그 시선으로 여러분의 영혼을 꿰뚫는 자다.[72] 이 경험이 여러분과 타자들의 관계를 구성한다. 타자들은 여러분을 판단한다. 그런데도 타자들은 꼭 필요하다. 여러분이 요구하는 인정은 반드시 타자들로부터 나와야 하고, 그 인정이 뭔가 가치를 지니려면 여러분도 타자들을 인정해야만 하기 때문이다. 나에 대한 타자들의 인정은 내가 그들을 인정하느냐 인정하지 않느냐에 따라 가치가 있을 수도 있고 없을 수도 있다.[73]

그와 동시에 나는 남들의 시선으로 정의되지 않는 나 자신과의 관계를 요구한다. 이때는 내가 타자의 눈에 내가 보이고 싶은 대로 보이는지 확인하느라 나 자신을 관찰하는 자기 자신과의 외면적 관계가 나타나지 않는다. 고독 속에서는 타자들의 시선으로 중재되지 않기 때문에 나는 나와 더 직접적인 관계를 맺는다. 고독할 때는 타자의 대상이 되는 경험을 피할 수 있다. 이것이 곧 타자들로부터의 자유다. 여러분이 혼자라면 자기 성찰적 관계를 맺지 않을 기회가 생기는 셈이다. 사람은 혼자 있을 때 자의식이 덜한 듯하다.[74] 사람들이 고독을 추구할 때에는 다른 사람들로부터의 자유만 추구하는 게 아니라 자신이 무엇을 하고 어떤 생각을 할 것인가를 스스로 선택하기 원한다.[75] 이 말은, 우리가 반드시 그러한 조건에서 자기에게만 몰입해야 한다는 뜻은 아니다. 고독 속에서 하는 일들의 상당수는 그 의도가 그 고독이 끝난 후까지도 이어진다.

요한 고틀리프 피히테는 『학자의 사명에 관한 몇 차례의 강의』(1794)의 첫 번째 강의에서 학자는 무엇보다 먼저 인간이고, 인간으로서의 학자는 사회적 존재라고 강조했다. 따라서 학자가 스스로 고립되어 고독하게 살기를 택한다면 이는 학자의 본성을 거스르는 삶을 사는 셈이다.[76] 피히테는 『윤리학의 체계』(1798)에서도 고독한 관조가 사유하는 이에게 이로울지라도 고독한 관조의 목표는 다른 사람들과의 소통을 전제로 한다고 힘주어 말했다.[77]

글을 쓰는 이들은 대부분 혼자 있을 때에만 집필이 가능하다. 마르그리트 뒤라스는 『고독한 글쓰기(Writing)』에서 이러한 생각에 힘을 실어준다.

글쓰기의 고독, 그 고독 없이는 글이 나오지 않거나 써야 할 것을 찾느라 흐트러지고 창백해진다. (……) 책을 쓰는 사람은 항상 타인들과의 분리에 싸여 있어야 한다. 그것은 일종의 고독이다. 저자의 고독, 글쓰기의 고독.[78]

하지만 고독한 글쓰기의 목표는 글이 독자를 발견하는 것이다. 비록 글쓰기의 중요한 이유가 다른 사람들이 내가 쓴 것을 읽어주는 데 있다 해도, 만약 누군가가 내 어깨 뒤에서 내가 쓰는 글을 훔쳐보고 있다면 나는 글을 쓸 수 없을 것이다. 그럴 때는 자의식이 너무 강해지기 때문에 글쓰기에 몰입할 수가 없다. 우리가 고독 속에서 보내는 시간조차도 상당 부분은 타자들과의 관계와 관련이 있다. 예를 들어, 어떻게 하면 세상에서 남들과 더불어 최선의 삶을 살 것인가라는 문제라든가. 이렇듯 우리는 비록 고독을 선택할지라도 여전히 사회적 동물이다.

고독 역량

우리는 제3장에서 외로움을 측정하는 몇 가지 검사를 다룬 바 있다. 그와 마찬가지로 고독을 측정하는 검사, 고독 선호 척도

(1995)도 있다. 혼자 살기를 택하고 혼자 휴가를 떠나는 인구가 급증한 것을 보면 고독을 선호하는 사람이 꽤 늘어난 것 같기는 하지만, 아직 이 현상을 장기적으로 조사한 연구는 찾아볼 수 없다. 게다가 혼자 지내는 빈도나 만족도는 주로 당사자가 단순히 사회적 접촉을 피하고 싶어 하는가가 아니라, 그 상황을 좋아하고 즐기는가와 상관이 있다.[79] 혼자 지내고 혼자 휴가를 떠나는 사람들이 많아지기는 했어도 그들이 어디든 전자 통신 장비를 휴대하고 다니면서 끊임없이 타인과 상호 작용을 한다는 점을 고려하면 과연 요즘 사람들이 예전 사람들보다 더 혼자있는 시간이 많다고 할 수 있을까 싶다.

우리는 오롯이 혼자가 되기가 참 어려운 시대에 살고 있다. 이 시대는 전화 통화, 문자 메시지, 트위터, 페이스북, 스카이프가 타인들과의 만성적 상호 작용을 보장한다. 그래서 정말로 고독한 시간은 예전보다 오히려 드물어졌다. 가장 큰 이유는 예전 같으면 고독이 존재할 수도 있었을 공간을 우리가 사교로 채우기로 작정했기 때문이다. 어쩌면 우리 시대의 가장 큰 문제는 과도한 외로움이 아니라 너무 미미한 고독일지도 모른다. 우리가 (권태, 동요, 불확실성, 게으름 등으로 인하여) 고독한 상태에 머물러 있지 않고 누군가를 직접 만난다든가 전화를 건다든가 하는 식으로 너무 빨리 타인들을 붙잡아버리면 고독은 위태위태해진다. 우리는 기분 전환에 휩쓸려버리거나 우리 쪽에서 얼른 나서서 기분 전환을 추구한다. '기분 전환(distraction)'이라는 이 흥미로운 단어는 문자 그대로 '반대로 끌려감(dis-traction)'을 뜻한다. 우리 자신이 아니라 그 반대 방향으로 끌려간다는 얘기다.

1937년에 버트런드 러셀은 우리가 고독을 잃었다고 주장했다.[80] 오도 마르크바르트도 우리는 "고독 역량"을 상실했다면서 비슷한 주장을 펼쳤다.[81] 그렇지만 고독 역량이란 우리가 혼자 있을 수 있는 능력이라는 빤한 대답을 제외하고 볼 때, 과연 무슨 의미인가? 마르크바르트는 다음과 같이 썼다. "성숙은 무엇보다도 홀로 있을 수 있는 능력이다."[82] 확실히 좀 이상한 주장이기는 하지만, 핵심은 타인들의 지지에 기대지 않고도 자기 확신을 가지고 홀로 살아갈 수 있어야만 성숙한 사람이라는 것이다. 칸트에 따르면, 계몽은 인간이 미성숙을 극복하는 것이다.[83] 물론, 칸트는 지적 미성숙을 두고 한 말이고, 고독을 확립하지 못하는 태도는 감정적 미성숙에 더 가깝다는 점을 부연해두어야겠다. 고독의 어려운 점은 자기 자신과 관계를 맺어야 한다는 점, 자기와의 관계에서 평화를 찾아야만 한다는 점이다. 이 평화가 없으면 자기 자신에게서 멀어지는 기분 전환을 추구하게 된다. 파스칼은 다음과 같이 썼다.

우리는 우리의 불행한 조건이나 전쟁의 위험이나 고된 노동에 대하여 생각할 겨를이 있는 차분하고 안온한 삶을 추구하지 않고, 우리 자신에 대한 생각을 방해하는 즐거운 부산함을 추구한다.

이런 까닭으로 우리는 포획물보다 사냥을 더 좋아한다.

그리하여, 인간은 소음과 동요를 심히 사랑하게 되었다. 그리하여, 옥살이는 참으로 끔찍한 형벌이 되었다. 그리하여, 고독에서 얻는 즐거움은 실로 이해할 수 없는 것이 되어버렸다.[84]

허구한 날 기분 전환을 원하는 것은 감정적 미성숙의 징후다. 그러한 미성숙은 아주 일반적이다. 한 연구에서는 실험 참가자들이 잠시 동안(6~15분) 혼자 생각에 몰두하라는 과제를 받았는데 대부분 중간, 혹은 그 이상의 어려움을 호소했다.[85] 그들은 잠시 전화를 쓴다든가 하는 식으로 '부정행위'를 할 기회가 주어지자 선뜻 고독을 깨뜨렸다. 한 연구에서는 동일한 과제를 주되 자기 자신에게 고통스러운 전기 자극을 주는 방법으로 그 단조로운 고독을 깨뜨릴 수 있는 여지를 주었다. 실험에 응한 여성의 4분의 1, 남성의 3분의 2가 자기 자신에게 전기 자극을 가했다. 심지어 어떤 사람은 15분 동안 무려 190번이나 스스로 전기 자극을 가했다. 이 연구들은 고독을 다룬 것이기도 하지만 지루함을 참는 능력 검사라고 볼 수도 있다. 어쨌든 기분 전환이라는 외적 요소가 제거되었을 때 자기 자신에게 온전히 충실하기가 얼마나 어려운지 보여준 연구들이다.

니체가 쓰지 않았던가. "나는 우리의 교양과 교육의 가장 보편적인 결함을 차츰 뚜렷이 알게 되었다. 아무도 '고독을 견디는 법'을 배우지 않고, 추구하지도 않고, 가르치지도 않는다."[86] 고독 역량은 우리가 반드시 배워야만 하는 것이다. 토마스 마초는 이른바 "고독 기법", 다시 말해 자기 자신과 교제하는 기술에 대해서 썼다.[87] 외로움 속에서는 자기 혼자 덩그러니 있는 것인 반면, 고독 속에서는 자기 자신과 더불어 있는 것이다. 고독 기법들의 일반적 성격은 자신을 이원화하는 데 있다. 나와 정확히 똑같은 분신을 만드는 것이 아니라, 나와 더불어 대화를 나눌 수 있는 또 다른 자아를 만들어야 한다. 달리 말하자면, 혼자 있으면서도 타인들의 부재보다는 나 자신의 현존으로 충족이 잘되어야 한다는 것이다. 새뮤얼 버틀러는 우울한 자는 세계 최악의 사회(즉, 자기 자신)에 떨어진 사람이라고 말했다.[88] 버틀러가 묘사한 사회는 본질적으로 부재, 상실, 결핍을 포함하기 때문에 흉흉하기 그지없다.

풍부한 내면적 삶이 없다면 고독에 몰입하기가 힘들다. 한편, 미하이 칙센트미하이는 혼자 있는 시간을 잘 못 견디는 사람, 고독을 힘들어하는 사람이 창조성을 계발하는 데에도 상당한 어려움을 겪는다고 했다. 혼자 있는 기법을 터득한 자들만이 예술이나 과학 분야에서 성공할 수 있는 듯하다.[89] 이 사람들이 타인들과 지속적으로 상호 작용을 하는 것은 더 말할 필요도 없다. 창조적인 사람들의 특징은 그들이 유난히 고독하다는 게 아니라, 그러한 처지를 한탄하기보다는 고독으로 뭔가를 창조해낸다는 것이다.[90]

한나 아렌트는 외로움이 모든 사람의 인생에서 근본적인 경험이고 우리의 가장 기본적인 욕구와 충돌한다고 지적했다.[91] 아렌트가 생각하는 철학은 고독한 활동이다. 그래서 철학자는 "인간사의 어두운 동굴"[92]을 떠나 고독을 찾는 이라고 묘사했다. 그리고 아렌트가 지적하듯이 "고독 속에 있다는 것은 자신의 자아와 함께 있다는 의미다."[93] 그렇지만 이 현상은 철학자라는 이름을 지닌 인간들에게만 국한되지 않는다. 아렌트에 따르면 모든 고독의 특징은 내가 나 자신과 함께 있다는 사실, 즉 내가 "하나 속의 둘"이라는 사실이다.[94] 물론 고독이 외로움으로 변할 수도 있는데 아렌트가 생각하기에 이런 일이 일어났다면 나는 나 자신에게 버림을 받은 것이다. 내가 나를 "하나 속의 둘"로 쪼개지 못했기 때문에 나 자신과 교제하지 못하고 덩그러니 혼자 남았다고나 할까.[95]

고독과 외로움의 차이는 특히 이러한 조건 속에서 자기 자신과 맺는 관계가 어떤지, 혼자서도 비교적 자족적으로 지낼 수 있는지에 달렸다. 물론 혼자로도 완전히 충분한 사람은 아무도 없으며, 그러한 상태가 이상적이지도 않다. 그러나 자족이 너무 안된다면, 타인들의 지지에 기대지 않고 혼자서 웬만큼 잘 지내는 것이 힘들다면, 그 사람은 비참한 삶을 영위할 것이다. 결국, 사람이 항상 남에게 기대어 살 수는 없기 때문이다. 그러나 완전히 자족적일 수도 없으므로 고독이 긍정적인 것이 되기 위해서는 타인들에게로 돌아갈 방법이 있어야만 한다. 올라브 하우게가 제대로 보았다.

달콤하구나, 고독이란.

다른 이들에게 돌아갈 문이

열려 있는 한.

결국, 그대는

자기 힘으로 빛나지 않는다.[96]

제 8 장

외로움과 책임감

Loneliness and Responsibility

사람들은 늘 세월이 상황을 변화시킨다고 이야기하지만, 실은 여러분 자신이 그것들을 변화시켜야만 한다.

앤디 워홀, 『앤디 워홀의 철학』

외로움이 최근 사회에서 더욱더 문제가 되고 있다고 믿을 이유는 별로 없지만, 외로움이 엄연히 문제이기는 하다. 외로움에 심각하게 시달리지 않는 사람에게도 외로움은 우리가 살면서 타인들을 얼마나 필요로 하는지 깨닫게 하기 때문에 중요한 현상이다. 게다가 고질적으로 이 고통스러운 감정에 괴로워하는 인구의 비율은 결코 무시해도 좋을 수준이 아니다.[1]

외로움과 수치심

어째서 외로움은 그토록 괴로운가? 외로움은 우리 자신에 대해서, 세계 속에서 우리가 차지하는 위치에 대해서 알려준다. 이 감정은 우리가 만물의 더 큰 체계 속에서 얼마나 미미한 존재인지 말해준다. 외로운 이는 자기가 있든지 없든지 별 상관이 없는 세상으로 추방된 것처럼 느낀다. 외로움은 특히 수치심과 연결되기 쉽다.

나는 이따금 외로움에 대해서 강의를 하다가 청중에게 외로운 사람 있으면 손을 들어보라고 한다. 그럴 때마다 아무도 손을 들지 않고 강의실에는 불편한 침묵이 깔리기 일쑤다. 이 예만 보더라도 한 가지는 설명이 된다. 사람들은 자신의 외로움을 공개적으로 인정하기를 힘들어한다. 외로움은 결국 사회적 고통이며, 그 사람의 사회생활이 만족스럽지 않다고 신호를 보내는 고통이다. 그리고 이 고통은 사회적으로 눈에 띄게 되면 특히 더 불편해진다. 외로움은 고통스러울 뿐 아니라 당혹스럽다. 수치심을 느끼고 싶지 않다면 본인은 외로움이 사무쳐 죽을 지경이라고 해도 남들에게는 사회생활을 잘하고 있다는 인상을 주어야만 한다. 외로움이 인간에게 일반적인 현상이라는 사실에도 불구하고 외로움에 몸부림치는 자는 패배자다.

존 디디온의 『플레이 잇 애즈 잇 레이즈(Play It as It Lays)』를 읽는 독자는 31세의 여배우 마리아 와이어스가 남편과 이혼을 하고, 어쩔 수 없이 낙태를 하고, 하나 있던 딸을 시설에 맡기고, 커리어를 완전히 망친 후, 결국 정신 병동에 가게 되는 과정을 따라간다. 마리아는 처절하게 외롭고, 그녀로서는 이 외로움으로부터 숨는 것이 무엇보다 중요하다.

　그녀는 슈퍼마켓에서 그 여자들을 지켜보았고 표시를 알아차렸다. 토요일 저녁 일곱 시에 그들은 계산대에 줄을 서서 월간 잡지인 《하퍼스 바자(Harper's Bazaar)》의 행운의 별점란을 읽을 것이요, 그들의 쇼핑 카트에는 양갈비 한 토막, 어쩌면 고양이 사료 두 캔과 비닐로 싸여 있는 일요판 만화지도 실려 있을 것이다. 그들은 가끔 꽤 예쁘장할 것이고, 치마 길이가 딱 떨어지고 선글라스의 색조도 딱 적당할 것이며, 단지 입가에 상처 입기 쉬운 약간의 긴장감이 감돌겠지만 어쨌든 양갈비 한 토막, 약간의 고양이 사료, 신문이 있을 것이다. 마리아는 그런 표시를 내고 싶지 않아서 항상 한집 식구가 먹을 만큼 장을 봤다. 그녀는 자몽주스, 그린칠리소스, 말린 렌즈콩, 알파벳 모양 파스타, 리가토니, 참마 통조림 등을 덕용 포장으로 사고 세탁 세제도 20파운드 대용량 박스로 샀다. 마리아는 외롭고 게으른 사람의 지표들을 잘 알고 있었으므로 절대로 소용량 치약을 사지 않았고 절대로 쇼핑 카트에 잡지를 넣지 않았다. 베벌리힐스에 있는 집에는 설탕, 콘머핀 믹스, 냉동 로스트, 스페인 양파 따위가 넘쳐났다. 마리아는 코티지치즈를 먹었다.[2]

　외롭다는 것은 인생의 중요한 부분에서 실패했다는 것이다. 어쨌든 한 사람 혹은 그 이상의 사람과 자신이 필요로 하는 관계를 맺는 데 실패했다는 뜻이니까. 외로운 사람은 타인들에게, 적어도 자신이 원하는 만큼은, 인정을 받지 못한 것이다. 그러므로 외로움은 외부로부터 개인에게 부과되는 것처럼 보인다. 외로운 사람은 타인들과의 관계를 욕망하지만 누리지 못하는 자다. 그렇지만 사회에서 칩거한 사람과 사회에서 배제된 사람은 엄연히 다르다.

외로움, 소속감, 삶의 의미

고질적 외로움과 실험적으로 부과된 사회적 고립은 삶의 의미 부족과 상관관계가 있다. 우리 삶이 의미 있다고 느끼기 위해서는 소속감이 상당히 중요하다는 얘기다.[3] 삶의 의미는 당연히 매우 다양한 관점에서 연구해야 할 주제이지만, 어쨌든 일관된 특징 중 하나는 타인들과의 관계가 결정적 역할을 한다는 점이다.[4] 바우마이스터와 리어리의 '소속감 가설'은 "인간에게는 적어도 최소한의 지속적이고 긍정적이며 영향력 있는 대인 관계를 형성하고 유지하려는 보편적인 욕구가 있다."[5]라는 가설인데, 이 가설을 뒷받침할 만한 증거들은 충분하다. 그렇지만 모든 이의 소속감 욕구가 동일하지 않고 사람에 따라 차이가 크다는 점도 말해두어야겠다.[6] 다른 사람들과 보내는 시간이 많은 사람들은 혼자 보내는 시간이 많은 사람들보다 대체로 행복하지만 분명히 상당한 개인차가 있다. 주관적 웰빙(혹은, 흔히 오용되고 있는 단어인 '행복')을 측정할 때 대인 관계가 재산이나 건강보다 영향을 더 크게 미칠 때도 많다. 어떤 이의 주관적 웰빙 점수가 높은지 낮은지 예측해보고 싶다면 그가 가족 및 친구들과 함께 보내는 시간이 얼마나 되는지를 보라. 그러면 올바르게 예측할 가능성이 높아질 것이다. 상당수는 혼자 있을 때보다 다른 이들과 함께 있을 때 좀 더 긍정적인 느낌을 경험한다고 말한다. 그렇지만, 사람들은 대부분 자기 자신과 사귀는 시간은 즐거워하면서 타인들과 교제하는 시간은 끔찍하게 느낄 수도 있다.

그렇다고는 해도 우리 모두 타인을 필요로 한다는 것은 엄연한 진실이다. 그리고 타인에 대한 욕구의 핵심 요소는 타인이 자기를 필요로 해주기 원하는 욕구다. 어떤 의미에서, 타인들이 필요로 하지 않는 이는 아무 역할도 하지 못한다. 그러므로 우리가 우리의 생활을 타인을 가급적 덜 필요로 하게끔 조직화한다는 점이 희한하다면 희한하다. 1970년에 사회학자 필립 슬레이터는 『외로움의 추구』에서 다음과 같이 썼다.

우리는 개인 저택, 개인 전용 교통수단, 개인 정원, 개인 세탁실, 셀프서비스 상점, 온갖 종류의 DIY 기술을 추구한다. 방대한 규모의 기술이 우리가 하루를 살아가는 동안 그 누구에게 어떤 것을 요청할 필요가 전혀 없게끔, 즉 타인의 존재를 필요로 하지 않게 한다는 과제를 설정하고 그 과제에 역량을 집중하는 듯 보인다. 미국인들은 심지어 가정 내에서도 모든 가족 구성원이 각자의 방을 소유하고, 경제적 여건만 받쳐준다면 자기만의 전화기, 텔레비전, 자동차까지 소유할 수 있어야 한다고 보는 독특한 정서가 있다. 우리는 점점 더 사생활을 중시하지만 그로써 점점 더 소외감을 느낀다.[7]

슬레이터가 이 책을 출간하고 수십 년이 지났지만 사람들의 독립성이 커져가는 이 전개는 어떤 의미에서 더욱 강화되기만 했다. 헤겔이라면 이 글이 "고립과 자기 안으로의 후퇴를 포기하지 못하고, 이 불만족스럽고 추상적인 내면성을 자유롭게 박차고 나오지도 못하는"[8] 안타까운 주체에 대한 기술이라고 했을 것이다. 그렇지만 우리가 예전보다 더 외로워졌다고 볼 만한 근거는 거의 없다.

자기 감정에 대한 책임

외로움의 현상학에서 외로움은 외부로부터 부과되는 것처럼 보인다. 그러므로 외로운 이가 있다면 그의 환경이 지탄을 받아야 한다. 그리고 환경이 지탄을 받아야 한다면 그 상황을 해결하는 것도 환경의 몫이다. 그렇지만 우리는 모두 우리 감정에 책임이 있다. 여러분의 감정은 여러분 것이다. 감정이 여러분에게 속해 있다는 얘기다. 아리스토텔레스는 누구나 제 성격대로 행동하게 마련이지만 그러한 행동도 어떤 의미에서는 자기 의지에 따른 것이라고 지적했다. 성격은 우리가 만들어내기 나름이고, 우리는 부분적으로나마 우리 자신을 창조하고 형성하기 때문이다.[9] 예를 들어, 여러분이 습관적으로 욱하고 어떤 상황에서 말도 안 되게 공격적으로 반응한다면 그런 기질을 쌓아온 여러분 자신에게 책임이 없지 않다. 비슷한 맥락에서, 개인이 외로움을 유지하고 강화하는 행동 패턴을 선택했다면 그는 자신의 외로움에 책임이 있다고 말할 수 있다. 해리 프랭크퍼트는 아리스토텔레스의 이론을 분명하게 거부하고 자기 성격—그리고 그 성격에서 말미암은 행동—에 책임진다는 것은 성격의 생성이나 형성 문제가 아니라 오히려 "성격으로 인한 결과를 책임지기로 하는 것"이라고 주장한다.[10] 어쨌든 그 사람이 성격이라는 것을 바꿀 수 있는 한에서만 그러한 책임을 질 수 있다는 점은 분명해 보인다.

당연한 얘기지만 느낌은 우리가 선택할 수 없다. 단순히 이제 외롭지 않겠다는 선택을 한다고 해서, 오로지 의지력만으로 문제가 눈 녹듯 사라지지는 않을 것이다. 현상학적으로 말해보자면, 감정은 우리에게 저절로 일어나는 것이며, 우리가 욕망할 법한 것과 정면으로 충돌할 때도 많다. 그렇지만 어떤 사회적 상황이 불편하게 느껴지더라도 그 상황에 들어가겠다는 선택을 할 수도 있다. 불편한 사회적 상황, 타인들에 대한 기대, 그들에 대한 애착을 생각하는 방식을 바꾸려고 노력할 수 있다. 이 과제는 본인

외에는 아무도 대신해줄 수 없다.

한편, 외로움은 외부에서 부과된 것, 기대에 미치지 못하는 불만족스러운 사회 환경에서 비롯된 것으로 느껴진다. 그러므로 외로운 이가 자기와의 관계, 환경과의 관계를 스스로 책임지고 바꿔야 한다는 주장이 공정하지 않아 보일 수도 있다. 이건 '피해자 책임전가' 아닌가? 이 경우, 외로운 이는 더 스미스의 노래「지금이 얼마나 금방 올까?」에서 모리시가 반응했던 것처럼 반응하고 싶을지도 모른다.

입 다물어.
넌 어떻게 그런 말을 하니.
내가 잘못된 길을 가고 있다니.
난 사람이고, 사랑받기를 원해,
그저 다른 모든 사람들처럼.

외로움의 고통은 충분히 인정받지 못한다는 고통이다. 외로움을 호소한다는 것은 인간의 기본 욕구가 충족되지 못해서 괴롭다고 호소하는 것이다. 그렇지만 그 욕구는 부분적으로 자신의 기대가 낳은 것이다. 그러므로 타인들이 제공하는 사회적 지지에 뭔가 문제가 있는 거라고 섣불리 결론을 내려서는 안 된다. 어쩌면 본인이 인간관계에 품는 기대 쪽에 문제가 있을지도 모른다. 어쩌면 오늘날 우리가 사회적 영역에서 대체로 온기를 너무 많이 기대하는지도 모른다.[11] 만약 어떤 이가 보통 수준의 지지와 인정을 제공하는 가족과 친구들이 있는데도 늘 외로워한다면 그 사람의 '사회적 허기'에는 뭔가 문제가 있는지도 모른다. 이를테면, 객관적으로 봐서는 과식을 한 상태인데도 계속 배고픔을 느끼는 사람들처럼 말이다. 새로운 낭만적 관계나 우정이 자신의 애착 욕구를 채워주리라는 희망을 품고—이 희망이 실현될 가망은 거의 없지만—끊임없이 새로운 누군가를 만나려는 사람도 있을 것이다. 다른 감정들이 제 기능을 하지 못할 수도 있는 것처럼, 이경우에는 외로움이 고장 난 표가 나게 된다.

여러분이 정말로 외롭다면, 나는 여러분이 외로운 이유를 모른다. 이 책에서 나는 외로움을 경험하게 될 확률을 높이는 사회적 상황들과 심리적 특성들을 다루었지만 이러한 논의가 여러분 개인의 외로움의 원인과 토대와 관련하여 얼마나 타당성이 있는지는 여러분이 파악해야 한다. 어쩌면 이 책에 제시된 자료 중 어떤 것은 여러분의 자기 이해를 바로잡는 기능을 할 것이다. 어쩌면 여러분은 자기 외로움의 원인과 토대가 여러분이 원래 생각했던 바와 다르다는 것을 발견하리라. 외로움은 애착에 대한 정서적 욕구에 환경이 미치지 못하는 상태이므로 외부에 원인이 있는 것처럼 느껴지지만, 그러한 느낌에는 본인의 성격적 특성—현실적 애착에 대한 기대치가 너무 높다든가, 사람을 잘 믿지 못한다든가, 너무 자기에게 몰두한다든가, 사회적 상황들에서 자신과 타인들에게 지나치게 비판적이라든가—이 한몫했음을 깨달을 것이다.

많은 경우, 다음과 같이 말해도 무리 없을 것이다. 여러분은 혼자라서 외로운 게 아니라, 외롭기 때문에 혼자인 거다. 이미 말했듯이 이러한 진술은 외로운 이에게 부당하게, 일종의 피해자 책임전가처럼 느껴질 수 있다. 어쨌거나 외로움은 욕구에 부응하지 못하는 환경에 의해서, 즉 외부적으로 주어지는 것처럼 느껴진다. 하지만 이 주관적인 생각이 외로움의 원인을 제대로 짚어주지는 못한다. 정서적으로 받쳐주는 가족과 친구들이 주위에 넘쳐나는데도 항상 외롭다고 느낀다면 그 사람의 인정 욕구가 별난 거라고 말하고 싶어진다. 여러분이 외롭다는 사실이 꼭 다른 사람들이 여러분을 실망시켰다거나 그들이 기대에 미치지 못했다는 뜻은 아니다. 여러분이 실제로 남들과 맺은 애착을 평가했을 때 기대에 못 미친 쪽은 오히려 여러분 쪽인지도 모른다. 나아가, 여러분이 외롭다고 해서 여러분이 타인들에게 외로움의 치유를 기대할 수 있다는 뜻은 아니다. 외로움을 전혀 모르고 살 권리는 그 누구에게도 없다. 그 누구에게도 무조건 행복할 권리가 있는 것은 아닌 것처럼.

내가 경험하는 나와 타인들이 경험하는 나 사이에는 언제나 간극이 있을 것이요, 나는 이 차이를 의식한다. 나는 내 생각과 경험 속에 다른 이들이 절대로 존재할 수 없는 방식으로 존재한다. 그 속에 거하는 외로움은 대부분 그럭저럭 처리할 만하지만 심히 견디기 힘든 수준까지 치닫기도 한다. 이러한 관점에서 보면 전형적인 외로움 경험은 타자의 부재에 있는 것이 아니라 오히려 소원하게 느껴지는 타자의 존재에 있다. 우리가 우정과 사랑을 필요로 하는 것은 이러한 소외를 극복하고 어느 정도는 타인들(내가 무슨 생각을 하고 무엇을 느끼는지 말해주어서가 아니라, 나를 정말로 잘 알기 때문에 내 생각과 느낌을 웬만큼 이해한다고 말할 수 있는 타인들)과 연결되고 싶은 욕구의 표현이다. 그들이 꼭 내 생각과 감정에 박수갈채를 보낼 필요는 없지만, 그런 생각과 감정이 어디서 비롯됐는지 이해하고 그것들을 내 본연의 존재와 내가 세계를 느끼는 방식의 표현이라고 인정해줄 필요는 있다. 여기에 두 사람 사이의 특별한 직접성, 즉 우리가 평생 기본적으로 어쩔 수 없는 외로움을 이어주는 가장 밀접한 관계가 수반된다.

그렇지만 우리가 공유할 수 없는 것들도 참 많다. 죽음은 외롭다. 당신의 죽음은 더할 것도 없고 덜할 것도 없는 당신만의 죽음이다. 파스칼이 다음과 같이 말했다. "우리는 우리와 같은 인간들의 사회에 의존하는 바보들이다. 그들은 우리처럼 불쌍하고 우리처럼 무력하므로 우리를 돕지 못한다. 우리는 모두 홀로 죽을 것이다."[12] 노르베르트 엘리아스도 '죽어가는 자의 외로움'에 대해서 글을 썼는데, 우리 문화에서 죽음은 우리의 세계 경험의 일부로서 드러나 있는 것이 아니라 꼭꼭 감추어져 있다고 보았다. 그래서 죽음은 살아 있는 자에게 무슨 문제인 양 간주되고, 죽어가는 자는 "아직 살아 있는데도 이미 산 자들의 공동체에서 배척당하는 느낌이 들게끔 되어 있다면" 외로움에 빠지지 않을 도리가 없다.[13] 그렇지만 세상이 그리 돌아가서는 안 된다. 옌스 비에르네보의 희곡 「새를 사랑하는 사람들」(1966) 속의 '죽음의 노래' 꼴이 나야 할 필요가 있을까.

이제 날이 닥치고 시간이 이르러,
그대는 벽에 기댄 채 피를 흘리고
각별하던 이들은
곧 그대 곁에서 사라지리니
그때 알게 되리. 죽는다는 것, 참 외로운 일임을.[14]

여러분에게 마음 쓰는 이들이 반드시 곁에서 사라지란 법은 없다. 아버지가 돌아가실 때 우리 가족은 임종을 처음부터 끝까지 지켰다. 우리는 앞으로 일어날 일을 알았기 때문에 며칠이고 밤늦게까지 그런 얘기를 나누었다. 아버지를 대신해 죽을 수 있는 사람은 아무도 없었지만 우리는 줄곧 아버지와 함께했다. 밀착과 위안은 그때까지 우리가 함께했던 모든 것의 연속성 상에서 최후의 순간까지 빛이 되어주었다. 그렇지만 아버지에게는 다른 사람이 아니라 아버지 자신이 죽는 일이었다.

그건 당신의 외로움이다

외로움은 나 자신에 대해서, 세상 속의 내 자리에 대해서 말해준다. 나도 지금보다 젊고 바보 같았던 시절에는 다른 사람 없이도 나 혼자 자족(自足)할 수 있을 줄 알았다. 지금도 가끔은 고독의 긍정적인 느낌에 매혹되어 혼자서도 충분한 삶이 여전히 선택 가능한 것처럼 생각하곤 한다. 환상은 결코 오래가지 않고 고독은 외로움에 밀려난다. 외로움에 대한 감각은 단지 우리가 자족적이지 않다는 것을 보여준다는 그 이유 하나만으로도 우리의 중대한 한계를 드러낸다. 우리가 태어난 때부터, 아니 우리가 태어나기도 전부터 우리의 삶은 타인들의 삶과 한데 얽히고설켜 있었고 우리가 살아가는 내내 새로운 관계들이 맺어지는가 하면 오래된 관계들이 끊어지고 흩어지기도 한다. D. H. 로런스가 관찰한 대로 인생은 그 안의 모든 것이, 우리의 개인성마저도, 우리가 타자들과 맺는 관계에 달려 있다.[15] 이 관계가 없으면 개인성조차도 대부분은 증발해버릴 것이다. 개인성이야말로 타자들과의 관계를 통하여 계발되고 규정되는 것이기 때문이다.

리처드 포드의 소설 「캐나다」에 쓰인 대로다.

나는 외로움이 긴 줄에 서서 뭔가 좋은 일이 일어나는 곳까지 나아가려고 기다리는 것과 비슷하다는 글을 어디선가 읽었다. 다만, 이 줄은 전진이 안 되고 다른 사람들이 자꾸 당신 앞에서 새치기를 한다. 저 앞쪽, 당신이 가고 싶은 그곳은 언제나 점점 더 멀어지기 때문에 결국 거기 가서 뭔가 건질 수 있을 거라는 믿음은 사라지고 만다.[16]

그렇지만 그 줄—인생—에서 궁극적으로 아무것도 얻지 못한다고 믿는다면 오산이다. 타인들은 여러분의 외로움을 여러분이 보여주는 한에서만 알아볼 수 있다. 아무도 여러분의 외로움 속에 억지로 파고 들어와 외로움을 사라지게 할 수 없다. 하지만 여러분이 자신의 외로움 속으로 누군가를 들여놓을 수는 있으며, 그 시점에서 외로움은 사라지고 공동체가 남는다. 또한 모든 인생에는 외로움이 어느 정도 포함되어 있다는 사실을 감수한 채 사는 법을 배워야 한다. 그러므로 외로움을 견디는 법, 될 수 있으면 외로움을 고독으로 변화시키는 법을 배우는 것이 매우 중요하다.

우리는 자기 안에 머무는 법을 배움으로써 외로움을 줄일 수 있다. 그러면 여러분은 타자의 인정에 그렇게까지 목숨을 걸지 않으면서도 타자들을 찾아 나서고 그들에게 자기를 열어놓을 수 있다. 그래도 외로움은 시시때때로 우리를 후려칠 것이다. 그건 자기가 책임져야 하는 외로움이다. 이러니저러니 해도, '당신'의 외로움이다.

들어가는 말

1 Stendhal, *On Love*, p. 267.

2 C. S. Lewis, *The Four Loves*, p. 12.

3 Simmel, 'The Metropolis and Mental Life', p. 108. 다음도 보라. Simmel, *Sociology: Inquiries into the Construction of Social Forms*, p. 95.

4 Simmel, *The Philosophy of Money*, p. 298.

5 Tocqueville, *Democracy in America*, pp. 665, 701.

6 Tocqueville, *Selected Letters on Politics and Society*, p. 326. On solitude in the wilderness, see further Tocqueville, 'Journey to Lake Oneida' and 'A Fortnight in the Wilderness', p. 665.

7 Cf. Marquard, 'Plädoyer für die Einsamkeitsfähigkeit', p. 113; Moody, 'Internet Use and its Relationship to Loneliness'; Monbiot, 'The Age of Loneliness is Killing Us'.

8 Chen and French, 'Children's Social Competence in Cultural Contexts'.

9 Cf. Svendsen, *Philosophy of Boredom*, p. 28.

10 Larson, 'The Solitary Side of Life: An Examination of the Time People Spend Alone from Childhood to Old Age'.

11 Cioran, *Drawn and Quartered*, p. 159.

12 Sartre, *Nausea*, p. 116.

13 Rilke, *Letters to a Young Poet*, p. 23.

14 창세기 2장 18절.

15 시편 142편 4절.

16 전도서 4장 9-12절.

17 Kant, *Idea of a Universal History with a Cosmopolitan Purpose*, p. 44.

18 Byron, *Childe Harold's Pilgrimage*, Canto III, V. 90, p. 131.

19 Milton, Paradise Lose, Book IX, 249, p. 192.

20 Bierce, *The Enlarged Devil's Dictionary*, p. 44.

21 Butler, 'A Melancholy Man', p. 59.

22 MacDonald and Leary, 'Why Does Social Exclusion Hurt? The Relationship Between Social and Physical Pain'; Eisenberger, Lieberman and Williams, 'Does Rejection Hurt? An fMRI Study of Social Exclusion'.

23 외로움의 유전학적·신경학적 측면을 상세하고 훌륭하게 개괄한 자료에는 다음이 있다. Hawkley and Cacioppo, 'Perceived Social Isolation: Social Threat Vigilance and its Implication for Health' 정신분석학에도 외로움에 대한 광범위한 연구가 있으나 필자의 역량이 닿는 선에서만 활용할 것이다. 그중 가장 핵심적인 기여들을 소개하고 논의한 자료에는 다음이 있다. Quindoz, *The Taming of Solitude: Separation Anxiety in Psychoanalysis*.

제1장 외로움의 본질

1 노르웨이 공공보건연구소에서 제시한 외로움의 정의를 예로 들어보겠다. "건실한 사회적 지지란 사회 구성원이 사랑과 보살핌을 받고, 가치 있는 존재로서 존중을 받는 것, 상호 책임을 지닌 사회관계망과 공동체에 속해 있다는 것을 뜻한다. 그래서 건실한 사회적 지지의 반대말은 외로움이다."(Folkehelseinstituttet, 'Sosial støtte og ensomhet−faktaark')

2 Cf. Scarry, *The Body in Pain*.

3 Eliot, *The Cocktail Party*, p. 414.

4 이 같은 형이상학적 외로움의 극단적 표현이 벤 라자르 미주스코빅(Ben Lazare Mijuskovic)의 『철학, 심리학, 문학 속의 외로움』(1979)이다. 이 책에서는 인생 전부를 외로움의 상태로 보고, 외로움이 그렇게까지 자기 삶의 의미를 규정하지는 않았다고 말하는 자는 실존적인 기본 조건을 부정하면서 사는 거라고 말한다. 사람과 사람 사이의 소통은 일시적이지만 어쨌든 위안을 주는 환상으로 치부된다(Mijuskovic, *Loneliness in Philosophy, Psychology and Literature*, p. 82). 저자는 외로움이 인생의 가장 근본적인 사태이고 자의식의 기본 구조라고, 자기 자신을 완전히 들여다보고자 하는 자는 공허 혹은 황폐함, 즉 외로움만을 발견한다고 말한다(ibid., pp. 13, 20). 그렇지만 혹자는 이런 유의 데카르트적 자기 성찰이 과연 가능하기는 한지 의문을 품을 법하다. 자아가 자기 자신에게 완전히 투명해지는 성찰이 가능할까. 칸트를 위시하여 수많은 철학자들이 그러한 성찰이 의심스러운 이유를 잘 밝혀주었다. 나아가, 왜 그러한 자기 성찰이 외부 관찰로 드러나는 진실보다 더 기본적인 진실을 내놓는다는 건지 의문시할 수도 있겠다. 어쨌거나, 미주스코빅의 사유가 심히 환원적이고 일반적이어서 고찰하고자 하는 현상의 다채로움을 간과한다는 점만 기억해두기 바란다. 비트겐슈타인이 『철학적 탐구』의 모토로 삼으려 했던 셰익스피어의 문장을 주목할 만하다. "그대에게 차이를 알려주겠다!" (셰익스피

어, 「리어왕」 1막 4장) 비트겐슈타인이 프레이저의 『황금 가지』를 언급하면서 강조했던 대로 "사태들을 정당하게 평가하는 것만큼 어려운 일은 없다." (Wittgenstein, *Philosophical Occasions, 1912–1951*, p. 129) 일반성을 갈망하기 때문에 문제가 복잡해진다(Wittgenstein, *The Blue Book*, pp. 17f). 사실, 인간이 일시적으로만 외로움의 감정을 극복할 수 있고 그러한 안도는 결코 지속되거나 오래가지 않는다는 미주스코빅의 주장은 고질적 외로움에 시달리다가 자기 경험을 일반화한 것처럼 보인다(Mijuskovic, *Loneliness in Philosophy, Psychology and Literature*, p. 9). 하지만 대부분의 사람은 미주스코빅이 묘사한 것처럼 외로움을 경험하지 않는다. 물론, 미주스코빅은 그 이유가 사람들이 실존적인 기본 조건을 부정하면서 살고 있기 때문이라고 주장하겠지만 그가 제시하는 논증들이 딱히 설득력 있다고 보기 어렵다.

5 Russell, *Autobiography*, p. 160, cf. p. 137.

6 Kahneman et al., 'A Survey Method for Characterizing Daily Life Experience: The Day Reconstruction Method'; Emler, 'Gossip, Reputation and Social Adaptation'.

7 Cacioppo, Hawkley and Berntson, 'The Anatomy of Loneliness'; Wheeler, Reis and Nezlek, 'Loneliness, Social Interaction, and Sex Roles'; Hawkley et al., 'Loneliness in Everyday Life: Cardiovascular Activity, Psychosocial Context, and Health Behaviors'.

8 Sermat, 'Some Situational and Personality Correlates of Loneliness', p. 308.

9 Cacioppo and Patrick, *Loneliness*, p. 94.

10 특히 다음을 보라. Peplau and Perlman, 'Perspectives on Loneliness'; Perlman and Peplau, 'Toward a Social Psychology of Loneliness'.

11 Cf. Russell et al., 'Is Loneliness the Same as Being Alone?'

12 Tilburg, "The Size of Supportive Network in Association with the Degree of Loneliness'.

13 예를 들어 다음을 보라. Reis, 'The Role of Intimacy in Interpersonal Relations'.

14 Cf. Hawkley and Cacioppo, 'Loneliness Matters: A Theoretical and Empirical Review of Consequences and Mechanisms'.

15 Stillman et al., 'Alone and Without Purpose: Life Loses Meaning Following Social Exclusion'; Williams, 'Ostracism: The Impact of Being Rendered Meaningless'.

16 Baumeister and Vohs, 'The Pursuit of Meaningfulness in Life'; Heine, Proulx and Vohs, 'The Meaning Maintenance Model: On the Coherence of Social Motivations'.

17 James, *The Principles of Psychology*, vol. I, pp. 293–4.

18 Dostoyevsky, *Notes from the Underground*, p. 33.

19 Kierkegaard, *Sickness Unto Death*, p. 43.

20 Smith, *Theory of Moral Sentiments*, p. 84.

21 Ibid., p. 110.

22 Ibid., p. 153.

23 Shaftesbury, *Characteristics of Men, Manners, Opinions, Times*, p. 215.

24 Burke, *Philosophical Inquiry into the Origin of our Ideas of the Sublime and the Beautiful*, p. 53.

25 Locke, *Two Treatises of Government*, p. 318.

26 Locke, *Of the Conduct of the Understanding*, §45, p. 285.

27 Hume, *A Treatise on Human Nature*, Book II.ii.v, p. 363.

28 Hume, *Inquiries Concerning Human Understanding and Concerning the Principles of Morals*, p. 270.

29 예를 들어 다음을 보라. Cacioppo and Patrick, *Loneliness*.

30 Cf. Long and Averill, 'Solitude: An Exploration of Benefits of Being Alone', p. 38.

31 Bowlby, *Attachment and Loss*, vol. III: *Loss: Sadness and Depression*, p. 442.

32 Cf. Young, 'Loneliness, Depression, and Cognitive Therapy: Theory and Application'.

33 Barthes, *Mourning Diary*, p. 69.

34 Murakami, *Colorless: Tsukuru Tazaki and His Years of Pilgrimage*.

35 Mahon and Yarcheski, 'Loneliness in Early Adolescents: An Empirical Test of Alternate Explanations'; Mahon and Yarcheski, 'Alternate Explanations of Loneliness in Adolescents: A Replication and Extension Study'.

36 Weiss, *Loneliness: The Experience of Emotional and Social Isolation*.

37 외로움의 이러한 유형들은, 사회적 외로움이 정서적 외로움보다 불안과 더 강하게 결부된다는 점에서도 차이가 있다(DiTommaso and Spinner, 'Social and Emotional Loneliness: A Re-examination of Weiss' Typology of Loneliness').

38 Weiss, *Loneliness*, p. 48.

39 Cf. Victor and Yang, 'The Prevalence of Loneliness Among Adults: A Case Study of the United Kingdom'.

40 Geller et al., 'Loneliness as a Predictor of Hospital Emergency Department Use'.

41 Holt-Lunstad, Smith and Layton, 'Social Relationships and Mortality Risk: A Meta-Analytic Review'. 다음을 더 보라. Cacioppo and Cacioppo, 'Social Relationships and Health: The Toxic Effects of Perceived Social Isolation'.

42 외로움과 신체의 상관관계를 개괄하는 저작으로는 다음을 보라. Cacioppo and Patrick, *Loneliness*, ch. 6.

43 Hawkley and Cacioppo, 'Aging and Loneliness–Downhill Quickly?'

44 Hawkley and Cacioppo, 'Perceived Social Isolation: Social Threat Vigilance and its Implication for Health', pp. 770-1.

45 Cacioppo and Patrick, *Loneliness*, p. 99.

46 다양한 정신의학적 맥락에서 외로움을 다룬 예로는 다음을 보라. Coplan and Bowker,

eds, *The Handbook of Solitude: Psychological Perspectives on Social Isolation, Social Withdrawal, and Being Alone*.

47 Cacioppo, Hawkley and Thisted, 'Perceived Social Isolation Makes Me Sad: 5 – Year Cross – lagged Analyses of Loneliness and Depressive Symptomatology in the Chicago Health, Aging, and Social Relations Study'. 48 Stravynski and Boyer, 'Loneliness in Relation to Suicide Ideation and Parasuicide: A Population – wide Study'; Rojas, *Childhood Social Exclusion and Suicidal Behavior in Adolescence and Young Adulthood*.

49 Baumeister, Twenge and Nuss, 'Effects of Social Exclusion on Cognitive Processes: Anticipated Aloneness Reduces Intelligent Thought'; Baumeister et al., 'Social Exclusion Impairs Selfregulation'; Twenge et al., 'If You Can't Join Them, Beat Them: Effects of Social Exclusion on Aggressive Behavior'; Twenge, Catanese and Baumeister, 'Social Exclusion Causes Self – defeating Behavior'; Twenge, Catanese and Baumeister, 'Social Exclusion and the Deconstructed State: Time Perception, Meaninglessness Lethargy, Lack of Emotion, and Self – awareness'; Twenge et al., 'Social Exclusion Decreases Prosocial Behavior'.

50 Cf. Ozcelic and Barsade, 'Work Loneliness and Employee Performance'.

제2장 외로움이라는 감정

1 Ben – Ze'ev, *The Subtlety of Emotions*, p. 5.

2 Ibid., p. 470.

3 Eisenberger, Lieberman and Williams, 'Does Rejection Hurt? An fMRI Study of Social Exclusion'.

4 MacDonald and Leary, 'Why Does Social Exclusion Hurt? The Relationship Between Social and Physical Pain'.

5 Cf. Lieberman, *Social: Why Our Brains are Wired to Connect*, pp. 64ff.

6 특히 앞에서 인용한 다음이 그렇다. Ben – Ze'ev, *The Subtlety of Emotions*.

7 Ekma, 'An Argument for Basic Emotions'; Solomon, 'Back to Basics: On the Very Idea of "Basic Emotions"'.

8 Cf. Ortony et al., *The Cognitive Structure of the Emotions*, p. 27.

9 이러한 접근을 취하는 훌륭한 논의로는 다음을 추천한다. Gross, *The Secret History of Emotion: From Aristotle's Rhetoric to Modern Brain Science*.

10 Asher and Paquette, 'Loneliness and Peer Relations in Childhood'.

11 Taylor, *Philosophical Papers*, vol. I: *Human Agency and Language*, p. 63.

12 Aristotle, *Nicomachean Ethics*, 1094b24.

13 La Rochefoucauld, *Collected Maxims*, §27.

14 Heidegger, *Nietzsche*, p. 99.

15 Ibid., p. 51.

16 Heidegger, *Hölderlin's Hymns 'Germania' and 'The Rhein'*.

17 Heidegger, *Pathmarks*, p. 87.

18 Heidegger, *History of the Concept of Time: Prologmena*, p. 296.

19 Beckett, *Dream of Fair to Middling Women*, p. 6.

20 Heidegger, *The Fundamental Concepts of Metaphysics: World, Finitude, Solitude*, p. 6.

21 Ibid., p. 67.

22 Wittgenstein, *Tractatus logico-philosophicus*, §6.43.

23 Cf. Hawkley et al., 'Loneliness in Everyday Life: Cardiovascular Activity, Psychosocial Context, and Health Behaviors'.

24 Aristotle, *Rhetoric*, 1382a.

25 Aristotle, *Nicomachean Ethics*, 1115b.

26 Shaver, Furman and Buhrmester, 'Transition to College: Network Changes, Social Skills, and Loneliness'.

27 Flett, Hewitt and Rosa, 'Dimensions of Perfectionism, Psychosocial Adjustment, and Social Skills'.

28 Heidegger, *Being and Time*, p. 148.

29 Heidegger, *Hölderlin's Hymns*, p. 89.

30 Heidegger, *Being and Time*, p. 136.

31 Heidegger, *Hölderlin's Hymns*, p. 142.

제3장 외로운 자는 누구인가?

1 Victor et al., 'Has Loneliness amongst Older People Increased? An Investigation into Variations between Cohorts'; Victor, Scrambler and Bond, *The Social World of Older People*.

2 Cf. AARP, *Loneliness among Older Adults: A National Survey of Adults 45+*.

3 여기에 사용된 데이터는 'Samordnet levekårsundersøkelse 1980-2012'에서 취한 것이다. 노르웨이 통계청(SSB)에서 데이터 수집을 맡았고 노르웨이 사회과학 데이터서비스 (NDS)에서 데이터를 취합하고 익명화하는 작업을 맡았다. SSB나 NDS는 여기에서 실시한 데이터 분석이나 해석에 아무런 책임이 없다. 데이터 수치 처리에 도움을 준 노르웨이 공공보건연구소의 토마스 세베니우스 닐센에게 특별히 감사를 전한다.

4 이 연구들의 전반적인 비율 분포를 보고 싶다면 다음을 보라. Yang and Victor, 'Age

and Loneliness in 25 European Nations'; Victor and Yang, 'The Prevalence of Loneliness Among Adults: A Case Study of the United Kingdom'.

5 예를 들어 다음을 보라. Pinquart and Sorensen, 'Influences on Loneliness in Older Adults: A Meta-analysis'. 한편, 노년층이 오히려 외로움을 덜 느낀다는 연구 결과도 있지만 대부분의 다른 연구 결과들과는 어긋난다고 하겠다(cf. Gibson, *Loneliness in Later Life*).

6 Rotenberg, 'Parental Antecedents of Children's Loneliness'.

7 Cacioppo and Patrick, *Loneliness*, p. 24; Cacioppo, Cacioppo and Boomsma, 'Evolutionary Mechanisms for Loneliness'; Goossens et al., 'The Genetics of Loneliness: Linking Evolutionary Theory to Genome-wide Genetics, Epigenetics, and Social Science'; Distel et al., 'Familiar Resemblance for Loneliness'.

8 Lucht et al., 'Associations between the Oxytocin Receptorgene (OXTR) and Affect, Loneliness and Intelligence in Normal Subjects'.

9 Cf. Norman et al., 'Oxytocin Increases Autonomic Cardiac Control: Moderation by Loneliness'.

10 Halvorsen, *Ensomhet og sosial isolasjon i vår tid*, pp. 84, 110.

11 Tornstam, 'Loneliness in Marriage'.

12 Yang and Victor, 'Age and Loneliness in 25 European Nations'.

13 Ibid.

14 단, 혼자 사는 남성의 경우는 혼자 사는 여성보다 확실히 외로움을 더 많이 느끼는 것으로 나타났다(Olds and Schwartz, *The Lonely American*, p. 82).

15 예를 들어 다음을 보라. Pinquart and Sorensen, 'Influences on Loneliness in Older Adults: A Meta-analysis'.

16 예를 들어 다음을 보라. Borys and Perlman, 'Gender Differences in Loneliness'.

17 Yang and Victor, 'Age and Loneliness in 25 European Nations'.

18 Olds and Schwartz, *The Lonely American*, p. 117.

19 크누트 할보르센은 외로움 연구에 이 두 설명을 모두 활용한다. 즉, 그는 처음에는 여성이 남성보다 자신의 외로움을 열린 자세로 받아들이기 때문에 이러한 차이가 빚어진다고 말한다. 하지만 장애가 있는 소년이나 소녀의 외로움을 논하는 대목에서는 그러한 젠더 차이가 소녀들과 소년들이 외로움에 대한 예상 수준이 다르기 때문에 비롯되었을 가능성을 열어둔다.(Halvorsen, *Ensomhet og sosial isolasjon i vår tid*, pp. 114, 117.)

20 Boomsma et al., 'Genetic and Environmental Contributions to Loneliness in Adults: The Netherlands Twin Register Study'.

21 Cf. Baumeister, *The Cultural Animal: Human Nature, Meaning, and Social Life*, p. 111.

22 Tornstam, 'Loneliness in Marriage'.

23 Vanhalst et al., 'The Development of Loneliness from Mid- to Late Adolescence: Trajectory Classes, Personality Traits, and Psychosocial Functioning'.

24 Cacioppo and Patrick, *Loneliness*, p. 94.

25 Ibid., p. 30.

26 Ibid., pp. 131-4. 그리고 다음도 함께 보라. Bell and Daly, 'Some Communicator Correlates of Loneliness'; Wanzer, Booth-Butterfield and Booth-Butterfield, 'Are Funny People Popular? An Examination of Humor Orientation, Loneliness, and Social Attraction'.

27 Teppers et al., 'Personality Traits, Loneliness, and Attitudes toward Aloneness in Adolescence'; Cacioppo et al., 'Loneliness within a Nomological Net: An Evolutionary Perspective'.

28 Duck, Pond and Leatham, 'Loneliness and the Evaluation of Relational Events'. 다음도 보라. Jones, 'Loneliness and Social Contact'; Jones and Moore, 'Loneliness and Social Support'; Jones, Sanson, and Helm, 'Loneliness and Interpersonal Judgments'; Spitzberg and Canary, 'Loneliness and Relationally Competent Communication'.

29 Cf. Jones, Freemon and Goswick, 'The Persistence of Loneliness: Self and Other Determinants'.

30 Bellow, *Herzog*.

31 Kupersmidt et al., 'Social Self-discrepancy Theory and Loneliness During Childhood and Adolescence'.

32 Lau and Gruen, 'The Social Stigma of Loneliness: Effect of Target Person's and Perceiver's Sex'; Rotenberg and Kmill, 'Perception of Lonely and Non-lonely Persons as a Function of Individual Differences in Loneliness'.

33 Cf. Hawkley et al., 'Loneliness in Everyday Life: Cardiovascular Activity, Psychosocial Context, and Health Behaviors'.

34 Ernst and Cacioppo, 'Lonely Hearts: Psychological Perspectives on Loneliness'; Vaux, 'Social and Emotional Loneliness: The Role of Social and Personal Characteristics'.

35 Cacioppo and Patrick, *Loneliness*, p. 103.

36 Cf. Twenge et al., 'Social Exclusion Decreases Prosocial Behavior'.

37 DeWall and Baumeister, 'Alone but Feeling no Pain: Effects of Social Exclusion on Physical Pain Tolerance and Pain Threshold, Affective Forecasting, and Interpersonal Empathy'.

38 Jones, Hobbs and Hockenbury, 'Loneliness and Social Skill Deficits'.

39 Bell, 'Conversational Involvement and Loneliness'.

40 Solano, Batten and Parish, 'Loneliness and Patterns of Self-disclosure'.

41 Goswick and Jones, 'Loneliness, Self-concept, and Adjustment'.

42 Lemay and Clark, '"Walking on Eggshells" : How Expressing Relationship

Insecurities Perpetuates Them'.

43 Bell, 'Emotional Loneliness and the Perceived Similarity of One's Ideas and Interests'.

44 Weisbuch and Ambady, 'Affective Divergence: Automatic Responses to Others' Emotions Depend on Group Membership'.

45 Cf. Twenge and Campbell, *The Narcissism Epidemic*, pp. 191–2.

46 Shaver, Furman and Buhrmester, 'Transition to College: Network Changes, Social Skills, and Loneliness'.

47 Cacioppo and Patrick, *Loneliness*, p. 163.

48 Flett, Hewitt and Rosa, 'Dimensions of Perfectionism, Psychosocial Adjustment, and Social Skills'.

49 Næss, *Bare et menneske*, p. 37.

50 Ibid., p. 7.

51 Ibid., p. 213.

52 Ibid., p. 36.

53 Ibid., p. 132.

54 Ibid., p. 250.

55 Gardner et al., 'On the Outside Looking In: Loneliness and Social Monitoring'.

56 Dandeneau et al., 'Cutting Stress Off at the Pass: Reducing Vigilance and Responsiveness to Social Threat by Manipulating Attention'; Murray et al., 'Balancing Connectedness and Self–protection Goals in Close Relationships: A Levels–of–Processing Perspective on Risk Regulation'.

57 DeWall et al., 'It's the Thought that Counts: The Role of Hostile Cognition in Shaping Aggressive Responses to Social Exclusion'.

58 Maner et al., 'Does Social Exclusion Motivate Interpersonal Reconnection? Resolving the "Porcupine Problem"'.

제4장 외로움과 신뢰

1 현재로서는 이 두 현상의 관계를 명쾌히 밝혀줄 만한 연구들이 너무 부족하다는 점을 염두에 두어야 할 것이다. 외로움 연구 가운데 이 관계에 주목한 것은 한줌에 불과하고 신뢰 연구는 사실상 이 주제를 아직 다루지도 않는 형편이다. 다음 연구들을 참고하라. Rotenberg, 'Loneliness and Interpersonal Trust'; Rotenberg et al., 'The Relationship between Loneliness and Interpersonal Trust during Middle Childhood'; Rotenberg et al., 'The Relation Between Trust Beliefs and Loneliness during Early Childhood, Middle Childhood, and Adulthood'.

2 Rotenberg et al., 'The Relation between Trust Beliefs and Loneliness during Early Childhood, Middle Childhood, and Adulthood'.

3 Halvorsen, *Ensomhet og sosial isolasjon i vår tid*, p. 75.

4 Auster, *The Invention of Solitude*, p. 50.

5 Cf. 'Loneliness in Everyday Life: Cardiovascular Activity, Psychosocial Context, and Health Behaviors'.

6 Ernst and Cacioppo, 'Lonely Hearts: Psychological Perspectives on Loneliness', and Vaux, 'Social and Emotional Loneliness: The Role of Social and Personal Characteristics'.

7 Bell, 'Emotional Loneliness and the Perceived Similarity of One's Ideas and Interests'.

8 Simmel, *The Philosophy of Money*, p. 191.

9 여러 국가에서의 신뢰 수준 측정과 장기간에 걸친 변화 양상에 대해서는 다음을 보라. www.worldvaluessurvey.org/wvs.jsp.

10 OECD, 'Trust', in Society at a Glance, 2011: OECD Social Indicators, pp. 90-91.

11 Chen, 'Loneliness and Social Support of Older People in China: a Systematic Literature Review'가 이러한 추정을 뒷받침한다. 하지만 이 연구는 조사에 따라 상당한 차이가 난다는 점도 보여주었음을 상기하자. 다음의 연구들도 참조하라. Wang et al., 'Loneliness among the Rural Older People in Anhui, China: Prevalence and Associated Factors', and Yang and Victor, 'The Prevalence of and Risk Factors for Loneliness among Older People in China'.

12 예를 들어 다음을 보라. OECD, Society at a Glance, 2014: OECD Social Indicators, pp. 138ff.

13 Wollebæk and Segaard, Sosial kapital i Norge.

14 일반적으로 민족 다양성은 신뢰 수준을 떨어뜨리고 민족 단일성은 신뢰 수준을 높이는 것으로 알려져 있으나 이러한 생각은 부분적으로만 들어맞는 것으로 나타났다. 민족 다양성이 큰 지역은 지역 주민들 간의 신뢰가 낮게 나타나기는 하지만 그러한 다양성이 인간 전반에 대한 신뢰까지 떨어뜨리지는 않는 것으로 보인다. (Cf. Meer and Tolsma, 'Ethnic Diversity and its Effects on Social Cohesion'.)

15 Cf. Fukuyama, *Political Order and Political Decay*, pp. 97-125, 특히 pp. 123ff를 보라.

16 Bergh and Bjørnskov, 'Historical Trust Levels Predict the Current Size of the Welfare State'.

17 Arendt, *The Origins of Totalitarianism*, p. 478.

18 Ibid., p. 477.

19 Cf. Hosking, *Trust: A History*, ch. 1.

20 예를 들어 다음을 보라. Schlögel, *Moscow, 1937*, p. 194.

21 Arendt, *The Origins of Totalitarianism*, p. 323.

22 Arendt, *Denktagebuch 1950 bis 1973. Erster Band*, pp. 126-7. 이 인용문에 주목하게끔 도와준 헬가르 마르트(Helgard Mahrdt)에게 고마움을 전한다.

23 Arendt, *The Human Condition*, p. 59.

24 Aristotle, *Nicomachean Ethics*, 1161b9.

25 Eliot, *Middlemarch*, p. 273.

26 Cf. Grimen, *Hva er tillit*, p. 109.

27 La Rochefoucauld, *Collected Maxims*, §84.

28 Ibid., §86.

29 Fukuyama, *Trust: The Social Virtues and the Creation of Prosperity*, pp. 27, 152-3.

30 Løgstrup, *The Ethical Demand*, p. 8.

31 Cf. Hawkley et al., 'Loneliness in Everyday Life: Cardiovascular Activity, Psychosocial Context, and Health Behaviors'.

32 Rotenberg et al., 'The Relation between Trust Beliefs and Loneliness during Early Childhood, Middle Childhood, and Adulthood'.

33 Terrell, Terrell and von Drashek, 'Loneliness and Fear of Intimacy among Adolescents who were Taught Not to Trust Strangers during Childhood'.

34 Shallcross and Simpson, 'Trust and Responsiveness in Strain-test Situations: A Dyadic Perspective'.

제5장 외로움, 우정, 사랑

1 예를 들어 다음을 보라. Caine, ed., *Friendship: A History*와 May, *Love: A History*.

2 Aristotle, *Politics*, 1253a.

3 Ibid.

4 Aristotle, *Nicomachean Ethics*, 1169b10.

5 Ibid., 1156a9.

6 Ibid., 1156b7-12.

7 Ibid., 1156b25.

8 Ibid., 1166a30.

9 Kant, *Lectures on Ethics*, pp. 24, 27, 54.

10 Kant, *The Metaphysics of Morals*, pp. 216-7.

11 Ibid., p. 217.

12 Kant, *Lectures on Ethics*, pp. 185-6.

13 Ibid., p. 410.

14 Ibid., p. 25.

15 Ibid., p. 182.

16 Ibid., pp. 413-4.

17 Kant, 'On the Character of the Species', in *Anthropology from a Pragmatic Point of View*, Part II. E. p. 184.

18 Ibid., part II. E. p. 190. 더 자세히 알고 싶은 독자는 다음을 보라. Kant, *Lectures on Anthropology*, pp. 499-500.

19 Kant, 'Idea for a Universal History with a Cosmopolitan Purpose', p. 44. 다음도 보라. *Metaphysics of Morals*, p. 216.

20 이 주제에 대해서 더 알고 싶은 독자는 다음을 보라. Kant, *Lectures on Ethics*, p. 174.

21 Kant, *Metaphysics of Morals*, pp. 216-7.

22 Ibid., p. 216.

23 Kant, *Lectures on Ethics*, p. 190.

24 특히 다음을 보라. Montaigne, 'Of Solitude'.

25 Montaigne, 'Of Friendship', p. 383.

26 Ibid., pp. 390-1.

27 Ibid., pp. 391, 393.

28 Ibid., p. 397.

29 Ibid., p. 400.

30 Cf. Aristotle, *Rhetoric*, 1380b36.

31 Simmel, *Sociology*, p. 321.

32 Plato, *Symposium*, 189d-190a.

33 Ibid., 191a-b.

34 Ibid., 193c.

35 *Abelard and Heloise: The Letters and Other Writings*.

36 Goethe, *The Sorrows of Young Werther*, p. 25.

37 Ibid., p. 31.

38 Ibid., p. 86.

39 Ibid., p. 53.

40 Ibid., p. 127.

41 Heidegger, *History of the Concept of Time: Prolomegna*, pp. 296-7.

42 Milligan, *Love*, p. 3.

43 다음에서 재인용했다. Arkins, *Builders of My Soul: Greek and Roman Themes in Yeats*, p. 148.

44 Joyce, 'A Portrait of the Artist as a Young Man' and 'Dubliners', p. 409. 사례는 다음에서 인용했다. Milligan, Love, pp. 16-7.

45 Baudelaire, *Paris Spleen*, pp. 51-2.

46 Mykle, *Largo*, p. 114.

47 Tolstoy, *Family Happiness and Other Stories*, p. 38.

48 Frankfurt, *The Importance of What We Care About*, p. 170.

49 Jaspers, 'The Individual and Solitude', p. 189.

50 Ibid.

51 Jaspers, *Philosophie II. Existenzerhellung*, p. 61.

52 Ibid., p. 62.

53 Rilke, *Letter to a Young Poet*, p. 35.

제6장 개인주의와 외로움

1 Beck and Beck−Gernsheim, *Individualization: Institutionalized Individualism and its Social and Political Consequences*, p. xxii.

2 Beck, *Risk Society*, p. 122.

3 Mill, *Principles of Political Economy with Some of their Applications to Social Philosophy*, p. 938.

4 특히 다음을 보라. Berlin, *Liberty*. 나의 전작인 『자유의 철학(*The Philosophy of Freedom*)』에는 긍정적 자유와 부정적 자유 개념이 분석되어 있다.

5 Sen, *Rationality and Freedom*, chs 20−22.

6 특히 다음을 보라. Simmel, 'Die beiden Formen des Individualismus'와, Simmel, 'Kant und der Individualismus'.

7 Simmel, *Kant. Die Probleme der Geschichtsphilosophie*, p. 220.

8 Simmel, 'Die beiden Formen des Individualismus', p. 54. 이 주장 자체는 근거와 일리가 없으나, 빌헬름 폰 훔볼트가 『국가 활동의 한계(*The Limits of State Action*, 1792)』에서 낭만적이고 자유로운 개인주의의 가장 근본적인 한 형태를 전개했다는 언급을 지멜이 한 번도 하지 않는 점은 놀랍다. 훔볼트의 사상은 존 스튜어트 밀의 자유론에도 영감의 원천이 되었다. 밀의 자유론에서 독자적인 개성의 발전을 위한 개인 공간의 필요성은 정치철학과 사회철학의 중심이 된다.

9 Simmel, 'The Metropolis and Mental Life'.

10 Cf. Giddens, *Modernity and Self−identity: Self and Identity in the Late Modern Age*, p. 5, and Giddens, *The Transformations of Intimacy*, p. 30.

11 Nietzsche, *The Gay Science*, §270, cf. §335.

12 Dostoyevsky, *Notes from the Underground*.

13 Cf. Taylor, *The Ethics of Authenticity*, p. 40.

14 Mead, *Mind, Self and Society*.

15 Sandel, *Liberalism and the Limits of Justice*, p. 179.

16 Cf. Marar, *The Happiness Paradox*.

17 Cf. Klinenberg, *Going Solo*, p. 3.

18 Ibid., pp. 4−5.

19 Olds and Schwartz, *The Lonely American*, p. 82.

20 EU, *Independent Living for the Ageing Society*.

21 Klinenberg, *Going Solo*, p. 160.

22 Ibid., p. 10.

23 Schumpeter, *Capitalism, Socialism and Democracy*, pp. 157−8.

24 Gerstel and Sarkisian, 'Marriage: The Good, the Bad, and the Greedy'; Musick and Bumpass, 'Reexamining the Case for Marriage: Union Formation and Changes in Well−being'. 다음도 보라. Klinenberg, *Going Solo*.

25 DePaulo, 'Single in a Society Preoccupied with Couples'.

26 Mellor et al., 'Need for Belonging, Relationship Satisfaction, Loneliness, and Life Satisfaction'.

27 Klinenberg, *Going Solo*, pp. 98ff.

28 Marche, 'Is Facebook Making Us Lonely?'.

29 Weber, *The Protestant Ethic and the Spirit of Capitalism*, p. 60.

30 Tocqueville, *Democracy in America*, p. 884.

31 Fukuyama, 'The Great Disruption', *Atlantic Monthly*.

32 Putnam, *Bowling Alone*, p. 158.

33 이 문제에 대한 개관으로는 다음을 보라. Thompson, 'The Theory that Won't Die: From Mass Society to the Decline of Social Capital', p. 423.

34 Ibid., p. 425.

35 Putnam, *Bowling Alone*, p. 403.

36 Fischer, *Still Connected: Family and Friends in America since 1970*. 다음도 보라. Fischer, *Made in America: A Social History of American Culture and Character*.

37 Fischer, *Made in America*, p. 155.

38 McPherson, Smith−Lovin and Brashears, 'Social Isolation in America: Changes in Core Discussion Networks over Two Decades'.

39 Fischer, 'The 2004 Finding of Shrunken Social Networks: An Artifact'.

40 Rokach et al., 'The Effects of Culture on the Meaning of Loneliness'; Rokach, 'The Effect of Age and Culture on the Causes of Loneliness'.

41 Lykes and Kemmelmeier, 'What Predicts Loneliness? Cultural Difference Between Individualistic and Collectivistic Societies in Europe'.

42 De Jong Gierveld and Van Tilburg, 'The De Jong Gierveld Short Scales for Emotional and Social Loneliness: Tested on Data from Seven Countries in the UN Generations and Gender Surveys'.

43 Lykes and Kemmelmeier, 'What Predicts Loneliness? Cultural Difference Between Individualistic and Collectivistic Societies in Europe'.

44 Diener and Diener, 'Cross－cultural Correlates of Life Satisfaction and Self－esteem'.

45 Cf. Beck and Beck－Gernsheim, *Individualization*, p. xxii.

46 Dreyfus, *On the Internet*.

47 Turkle, *Alone Together*.

48 Kraut et al., 'Internet Paradox. A Social Technology that Reduces Social Involvement and Psychological Well－being'.

49 Kraut et al., 'Internet Paradox Revisited'.

50 Whitty and McLaughlin, 'Online Recreation: The Relationship between Loneliness, Internet Self－efficacy and the Use of the Internet for Entertainment Purposes'.

51 Cf. Rainie and Wellman, *Networked: The New Social Operating System*.

52 Hampton et al., *Social Isolation and New Technology*.

53 Brandtzæg, 'Social Networking Sites: Their Users and Social Implications － A Longitudinal Study'.

54 Amichai－Hamburger and Schneider, 'Loneliness and Internet Use'.

55 Ibid.

56 Deresiewicz, 'The End of Solitude'.

57 Conley, *Elsewhere, U. S. A.*, p. 104.

제7장 고독

1 Cf. Long and Averill, 'Solitude: An Exploration of Benefits of Being Alone'.

2 Galanaki, 'Are Children Able to Distinguish among the Concepts of Aloneness, Loneliness, and Solitude?'

3 Larson, 'The Emergence of Solitude as a Constructive Domain of Experience in Early Adolescence'.

4 Cicero, *On Friendship*, p. 83.

5 Cicero, *On Duties*, Book I, ch. 43ff.

6 Zimmermann, *On Solitude*, vol. IV, pp. 373－4.

7 Ibid., vol. I, p. 286.

8 Ibid., vol. I, pp. 20, 29－30.

9 Garve, *Über Gesellschaft und Einsamkeit*.

10 Ibid., vol. I, pp. 55－6.

11 Ibid., vol. I, p. 99.

12 Ibid., vol. I, p. 334.

13 Kant, *Critique of Judgement*, p. 87.

14 Kant, *Anthropology from a Pragmatic Point of View*, Part I, §88, pp. 143-4.

15 이것은 철학에서의 진실만이 아니다. 성경에서 신은 늘 인간이 혼자 있을 때 자신의 뜻
    을 전한다. 모세는 시나이 산에서 40일을 홀로 지낸 후에야 토라를 받았다. 사도 바울도
    홀로 다마스쿠스로 가던 길에 계시를 받았다. 예수 그리스도는 분명히 사회적인 인물이
    었지만 그 역시 기도를 하기 위해 자주 혼자만의 시간을 보내곤 했고 제자들에게도 혼자
    서 기도를 하라고 권하곤 했다. 초대 교회의 성인들은 예수가 광야에서 했던 체험을 그
    대로 하기 위해 동족들에게서 떠나 광야에서 고립된 생활을 하면서 신과 더 가까워지기
    를 희구했다. 무함마드는 홀로 자발 알누르에 있는 동굴에 있던 중에 첫 번째 계시를 받
    았다. 요컨대, 계시는 고독한 중에만 찾아오는 것처럼 보인다.

16 Descartes, *A Discourse on the Method of Correctly Conducting One's Reason
    and Seeking Truth in the Sciences*, p. 27.

17 Aristotle, *Nicomachean Ethics*, 1177a-b.

18 예를 들어 다음을 보라. Eckhart, 'On Detachment'.

19 Cf. St John of the Cross, *Dark Night of the Soul*, chs VI-VII, pp. 52-7.

20 Petrarch, *The Life of Solitude*.

21 Ibid., p. 131.

22 Montaigne, 'Of Solitude', p. 481.

23 Ibid., pp. 488-9.

24 Ibid., p. 485.

25 Ibid., p. 498.

26 Cf. Montaigne, 'Of Three Commerces', pp. 1220-1.

27 Emerson, 'Nature'.

28 Emerson, 'Experience', p. 322.

29 Wordsworth, *The Prelude*, Book 4, ll. 354-8, p. 161.

30 Schopenhauer, *Parerga and Paralipomena*, I, p. 24.

31 Ibid., p. 26.

32 Ibid.

33 Ibid., pp. 28-9.

34 Ibid., p. 27.

35 Nietzsche, *Daybreak*, §491, p. 201.

36 Nietzsche, Human, *All too Human*, vol. II, §333, p. 344. Cf. Nietzsche, *Daybreak*,
    §566, p. 227.

37 Nietzsche, *Thus Spoke Zarathustra*, p. 49.

38 Nietzsche, *Beyond Good and Evil*, §284, p. 171.

39 Ibid., §25, p. 26.

40 Nietzsche, *Daybreak*, §443, p. 188.

41 Nietzsche, *Thus Spoke Zarathustra*, p. 255.

42 Nietzsche, *Nachgelassene Fragmente, 1880–1882*, p. 110.

43 Heidegger, *The Basic Problems of Phenomenology*, §10, p. 78.

44 Heidegger, *Plato's Sophist*, p. 36.

45 Heidegger, *Being and Time*, p. 115; Heidegger, *History of the Concept of Time*: *Prolegomena*, p. 238.

46 Heidegger, *Being and Time*, pp. 116–7.

47 Heidegger, *History of the Concept of Time*: *Prolegomena*, pp. 317–8.

48 Heidegger, *Being and Time*, p. 254.

49 Ibid., p. 240.

50 Heidegger, *History of the Concept of Time*: *Prolegomena*, pp. 317–8.

51 Heidegger, *Being and Time*, p. 182. Cf. Heidegger, *Ontology*: *The Hermeneutics of Facticity*, pp. 6–7.

52 Heidegger, *Logic as the Question Concerning the Essence of Language*, p. 45.

53 Heidegger, *The Fundamental Concepts of Metaphysics*: *World, Finitude, Solitude*, p. 6.

54 Heidegger, *What is Called Thinking?*, p. 169.

55 Rousseau, *Reveries of the Solitary Walker*.

56 Ibid., p. 1.

57 Ibid., p. 84.

58 Rousseau, *Emile, or, On Education*, p. 39.

59 달리 말하자면 토머스 홉스가 생각한 자연 상태의 인간, 즉 "고독하고, 가난하고, 야비하고, 상스럽고, 미흡한" 인간의 정반대라고 할 수 있다(Hobbes, *Leviathan*, p. 76).

60 Kant, 'Conjectural Beginning of Human History', p. 174.

61 Rousseau, *Discourse on Inequality*, p. 41.

62 Ibid., pp. 34–5.

63 Thoreau, *Walden*, p. 131.

64 Abbey, *Desert Solitaire*: *A Season in the Wilderness*.

65 Thoreau, *Walden*, p. 131.

66 Hayek, *The Constitution of Liberty*, p. 61.

67 Cf. Ariès and Duby, eds, *A History of Private Life*; Weintraub and Kumar, eds, *Public and Private in Thought and Practice*.

68 Cf. Moore, Jr, *Privacy*.

69 Mill, *Principles of Political Economy*, p. 756.

70 Long and Averill, 'Solitude: An Exploration of Benefits of Being Alone', p. 30.

71 Cf. Sartre, *Being and Nothingness*, pp. 347ff.

72 Ibid., p. 321.

73 Ibid., p. 320.

74 Larson, 'The Solitary Side of Life: An Examination of the Time People Spend Alone from Childhood to Old Age'.

75 Hammitt, Backman and Davis, 'Cognitive Dimensions of Wilderness Privacy: An 18-year Trend Comparison'.

76 Fichte, 'Some Lectures Concerning the Scholar's Vocation'.

77 Fichte, *The System of Ethics*, p. 262.

78 Duras, *Writing*, p. 2.

79 Leary et al., 'Finding Pleasure in Solitary Activities: Desire for Aloneness or Disinterest in Social Contact?'

80 Russell, *Unpopular Essays*, pp. 67-8.

81 Marquard, 'Plädoyer für die Einsamkeitsfähigkeit'.

82 Ibid., p. 120. 다음도 보라. Marquard, *Farewell to Matters of Principle*, p. 16.

83 Kant, 'An Answer to the Question: What is Enlightenment?', p. 41.

84 Pascal, *Pensées*, pp. 39-40.

85 Wilson et al., 'Just Think: The Challenges of the Disengaged Mind'.

86 Nietzsche, *Daybreak*, §443, p. 188.

87 Macho, 'Mit sich allein. Einsamkeit als Kulturtechnik'. 다음도 보라. Sloterdijk, *You Must Change Your Life*, pp. 361ff.

88 Butler, 'A Melancholy Man', p. 59.

89 Csikszentmihalyi, *Creativity*, pp. 65-6.

90 Ibid., p. 177.

91 Arendt, *The Origins of Totalitarianism*, p. 475.

92 Arendt, *The Human Condition*, p. 226.

93 Ibid., p. 75.

94 Arendt, *The Origins of Totalitarianism*, p. 476.

95 Arendt, *The Life of the Mind*, vol. I: *Thinking*, p. 185.

96 Hauge, 'Attum einsemds berg'.

제8장 외로움과 책임감

1 Heinrich and Gullone, 'The Clinical Significance of Loneliness: A Literature Review'.

2 Didion, *Play It as It Lays*, pp. 122-3.

3 Stillman et al., 'Alone and Without Purpose: Life Loses Meaning Following Social Exclusion'; Williams, 'Ostracism: The Impact of Being Rendered Meaningless'.

4 Baumeister and Vohs, 'The Pursuit of Meaningfulness in Life'; Heine, Proulx and Vohs, 'The Meaning Maintenance Model: On the Coherence of Social Motivations'.

5 Baumeister and Leary, 'The Need to Belong: Desire for Interpersonal Attachments as a Fundamental Human Motivation', p. 497. 더 자세한 내용을 원하는 독자는 다음을 보라. Baumeister, *The Cultural Animal*.

6 Gere and MacDonald, 'An Update of the Empirical Case for the Need to Belong' ; Mellor et al., 'Need for Belonging, Relationship Satisfaction, Loneliness, and Life Satisfaction'; Kelly, 'Individual Differences in Reactions to Rejection'.

7 Slater, *The Pursuit of Loneliness*, p. 5.

8 Hegel, 'Introduction to Aesthetics', in *Hegel's Aesthetics*, p. 66.

9 Aristotle, *Nicomachean Ethics*, 1114b22.

10 Frankfurt, *Taking Ourselves Seriously and Getting it Right*, p. 7.

11 리처드 세넷은 다음과 같이 썼다. "현재 지배적인 믿음은 사람들 사이가 가까운 것이 도덕적 선이라는 것이다. 현재 지배적인 열망은 타인들과의 밀착감과 온정을 느낌으로써 개인의 인격을 도야하는 것이다. 현재 지배적인 신화는 사회의 악을 모두 비인간성, 소외, 냉담함의 문제로 이해할 수 있다는 생각이다. 이 세 가지를 합친 것이 친밀성 이데올로기다. 모든 종류의 사회적 관계는 현실적이고, 믿을 만하며, 진실하고 그러한 사회적 관계는 가까우면 가까울수록 각 사람 내면의 심리적 관심사에 다가간다. 이러한 이데올로기가 정치적 범주를 심리적 범주로 탈바꿈시킨다. 친밀성 이데올로기는 신 없는 사회의 인도주의 정신을 정의한다. 정(情)이 우리의 신이다." (Sennett, *The Fall of Public Man*, p. 259)

12 Pascal, *Pensèes*, pp. 612.

13 Elias, *The Loneliness of the Dying*, p. 66.

14 Bjørneboe, *The Bird Lovers*, p. 153.

15 Lawrence, *Late Essays and Articles*, pp. 297-8.

16 Ford, *Canada*, p. 292.

AARP, *Loneliness among Older Adults: A National Survey of Adults 45⁺*, www.aarp. org/content/dam/aarp/research/surveys_statistics/general/2012/ loneliness_2010.pdf

Abbey, Edward, *Desert Solitaire: A Season in the Wilderness* [1968] (New York, 1985)

Abelard, Pierre, and Heloise, *Abelard and Heloise*: The Letters and Other Writings, trans. and intro. William Levitan (Indianapolis, IN, and Cambridge, 2007)

Amichai – Hamburger, Yair, and Barry H. Schneider, 'Loneliness and Internet Use', in *The Handbook of Solitude*: Psychological Perspectives on Social Isolation, Social Withdrawal, and Being Alone, ed. Robert J. Coplan and Julie C. Bowker (Malden, MA, and Oxford, 2014)

Arendt, Hannah, *Denktagebuch 1950 bis 1973. Erster Band* (Munich and Zürich, 2002)

——, *The Human Condition*, 2nd edn, intro. Margaret Canovan [1958] (Chicago, IL, 1998)

——, *The Life of the Mind*, vol. I: *Thinking* (San Diego, CA, New York and London, 1977)

——, *The Origins of Totalitarianism* (San Diego, CA, New York and London, 1979)

Ariès, Philippe, and Georges Duby, eds, *A History of Private Life*, 5 vols (Cambridge, MA, 1992)

Aristotle, *Nicomachean Ethics*, trans. and ed. Roger Crisp (Cambridge and New York, 2000)

——, *Rhetoric*, trans. W. Rhys Roberts, ed. W. D. Ross (New York, 2010)

——, *Politics*, 2nd edn, trans. and intro. Carnes Lord (Chicago, IL, and London, 2013)

Arkins, Brian, *Builders of My Soul: Greek and Roman Themes in Yeats* (Savage, MD, 1990)

Asher, Steven R., and Julie A. Paquette, 'Loneliness and Peer Relations in Childhood', *Current Directions in Psychological Science*, 3 (2003)

Auster, Paul, *The Invention of Solitude* (New York, 1982)

Aydinonat, Denise, et al., 'Social Isolation Shortens Telomeres in African Grey Parrots (*Psittacus erithacus erithacus*)', PLOS ONE, 9 (2014)

Barthes, Roland, *Mourning Diary*, trans. Richard Howard (New York, 2010)

Baudelaire, Charles, *Paris Spleen: Little Poems in Prose*, trans. Keith Waldrop (Middletown, CT, 2009)

Baumeister, Roy F., *The Cultural Animal: Human Nature, Meaning, and Social Life* (Oxford, 2005)

_____, and Mark R. Leary, 'The Need to Belong: Desire for Interpersonal Attachments as a Fundamental Human Motivation', *Psychological Bulletin*, 3 (1995)

_____, Jean M. Twenge and Christopher K. Nuss, 'Effects of Social Exclusion on Cognitive Processes: Anticipated Aloneness Reduces Intelligent Thought', *Journal of Personality and Social Psychology*, 83 (2002)

_____, and Kathleen D. Vohs, 'The Pursuit of Meaningfulness in Life', in *Handbook of Positive Psychology*, ed. C. R. Snyder and Shane J. Lopez (New York, 2002)

_____, et al., 'Social Exclusion Impairs Self-regulation', *Journal of Personality and Social Psychology*, 88 (2005)

Beck, Ulrich, *Risk Society Towards a New Modernity* (London, 1992)

_____, and Elisabeth Beck-Gernsheim, *Individualization: Institutionalized Individualism and its Social and Political Consequences* (London, 2002)

Beckett, Samuel, *Dream of Fair to Middling Women* (Dublin, 1992)

Bell, Brad, 'Emotional Loneliness and the Perceived Similarity of One's Ideas and Interests', *Journal of Social Behavior and Personality*, 2 (1993)

Bell, Robert A., 'Conversational Involvement and Loneliness', *Communication Monographs*, 52 (1985)

_____, and J. A. Daly, 'Some Communicator Correlates of Loneliness', *Southern States Communication Journal*, 2 (1985)

Bellow, Saul, *Herzog* (New York, 1964)

Ben-Ze'ev, Aaron, *The Subtlety of Emotions* (Cambridge, MA, and London, 2000)

Bergh, Andreas, and Christian Bjørnskov, 'Historical Trust Levels Predict the Current Size of the Welfare State', *Kyklos*, 1 (2011)

Berlin, Isaiah, *Liberty* (Oxford, 2002)

Bible, Genesis, New International Version, www.BibleGateway.com, 3 March 2015

Bierce, Ambrose, *The Enlarged Devil's Dictionary* (London, 2001)

Bjørneboe, Jens, *The Bird Lovers*, trans. and intro. Frederick Wasser (Los Angeles, CA, 1994)

Boomsma, Dorret I., et al., 'Genetic and Environmental Contributions to Loneliness in Adults: The Netherlands Twin Register Study', *Behavior Genetics*, 6 (2005)

Borys, Shelley, and Daniel Perlman, 'Gender Differences in Loneliness', *Personality and Social Psychology Bulletin*, 1 (1985)

Bowlby, John, *Attachment and Loss*, vol. III: *Loss: Sadness and Depression* (London, 1980)

Brandtzæg, Petter Bae, 'Social Networking Sites: Their Users and Social Implications, a Longitudinal Study', *Journal of Computermediated Communication*, 4 (2012)

Burke, Edmund, *Philosophical Inquiry into the Origin of our Ideas of the Sublime and the Beautiful* (Oxford, 1998)

Butler, Samuel, 'A Melancholy Man', in *Characters and Passages from Note−books* (Cambridge, 1908)

Byron, Lord, *Childe Harold's Pilgrimage*, in *The Major Works* (Oxford, 2000)

Cacioppo, John T., and Dorret I. Boomsma: 'Evolutionary Mechanisms for Loneliness', *Cognition and Emotion*, 1 (2014)

─── , and Stephanie Cacioppo, 'Social Relationships and Health: The Toxic Effects of Perceived Social Isolation', *Social and Personality Psychology Compass*, 2 (2014)

─── , and William Patrick, *Loneliness: Human Nature and the Need for Social Connection* (New York and London, 2008)

─── , Louise C. Hawkley and Gary G. Berntson, 'The Anatomy of Loneliness', *Current Directions in Psychological Science*, 3 (2003)

─── , Louise C. Hawkley and Ronald A. Thisted, 'Perceived Social Isolation Makes Me Sad: 5−year Cross−lagged Analyses of Loneliness and Depressive Symptomatology in the Chicago Health, Aging, and Social Relations Study', *Psychology and Aging*, 2 (2010)

─── , et al., 'Loneliness Within a Nomological Net: An Evolutionary Perspective', *Journal of Research in Personality*, 40 (2006)

Caine, Barbara, ed., *Friendship: A History* (London and Knoxville, TN, 2009)

Cassirer, Ernst: *An Essay on Man: An Introduction to a Philosophy of Human Culture* (New Haven, CT, and London, 1972)

Chen, Xinyin, and Doran C. French, 'Children's Social Competence in Cultural

Context', *Annual Review of Psychology*, 59 (2008)

Chen, Yu, 'Loneliness and Social Support of Older People in China: A Systematic Literature Review', *Health and Social Care in the Community*, 2 (2014)

Cicero, Marcus Tullius, *On Duties*, ed. M. T. Griffin and E. M. Atkins (Cambridge, 1991)

_____, *On Old Age and On Friendship*, trans. Frank O. Copley (Ann Arbor, MI, 1971)

Cioran, Emil, *Drawn and Quartered*, trans. Richard Howard (New York, 2012)

Conley, Dalton, *Elsewhere, USA: How We Got from the Company Man, Family Dinners, and the Affluent Society to the Home Office, BlackBerry Moms, and Economic Anxiety* (New York, 2009)

Coplan, Robert J., and Julie C. Bowker, eds, *The Handbook of Solitude, Psychological Perspectives on Social Isolation, Social Withdrawal, and Being Alone* (Malden, MA, and Oxford, 2014)

Csikszentmihalyi, Mihaly, *Creativity: The Psychology of Discovery and Invention* (New York, 1996)

Dandeneau, Stéphane D., et al., 'Cutting Stress Off at the Pass: Reducing Vigilance and Responsiveness to Social Threat by Manipulating Attention', *Journal of Personality and Social Psychology*, 4 (2007)

DePaulo, Bella, 'Single in a Society Preoccupied with Couples', in *The Handbook of Solitude: Psychological Perspectives on Social Isolation, Social Withdrawal, and Being Alone*, ed. Robert J. Coplan and Julie C. Bowker (Malden, MA, and Oxford, 2014)

Deresiewicz, William, 'The End of Solitude', *The Chronicle of Higher Education*, 30 January 2009, http://chronicle.com/article/The-End-of-Solitude/3708

Descartes, René, *A Discourse on the Method of Correctly Conducting One's Reason and Seeking Truth in the Sciences*, trans. Ian Mclean (Oxford, 2006)

DeWall, C. Nathan and Roy F. Baumeister, 'Alone but Feeling No Pain: Effects of Social Exclusion on Physical Pain Tolerance and Pain Threshold, Affective Forecasting, and Interpersonal Empathy', *Journal of Personality and Social Psychology*, 1 (2006)

_____, et al., 'It's the Thought that Counts: The Role of Hostile Cognition in Shaping Aggressive Responses to Social Exclusion', *Journal of Personality and Social Psychology*, 1 (2009)

Didion, Joan, *Play It as It Lays* (London, 2001)

Diener, Ed, and Marissa Diener, 'Cross-cultural Correlates of Life Satisfaction and Self-esteem', *Journal of Personality and Social Psychology*, 68 (1995)

Distel, Marijn A., et al., 'Familiar Resemblance for Loneliness', *Behavior*

Genetics, 4 (2010)

DiTommaso, Enrico, and Barry Spinner, 'Social and Emotional Loneliness: A Re-examination of Weiss' Typology of Loneliness', *Personality and Individual Differences*, 3 (1997)

Dostoyevsky, Fyodor, *Notes from the Underground*, trans. Constance Garnett, ed. Charles Guignon and Kevin Aho (Indianapolis, IN, and Cambridge, 2009)

Dreyfus, Hubert, *On the Internet*, 2nd edn (London, 2008)

Duck, Steve, Kris Pond and Geoff Leatham, 'Loneliness and the Evaluation of Relational Events', *Journal of Social and Personal Relationships*, 11 (1994)

Duras, Marguerite, *Writing*, trans. Mark Polizzotti (Cambridge, MA, 1998)

Eckhart, Meister, *Selected Writings*, trans. Oliver Davies (New York and London, 1994)

Eisenberger, Naomi I., Matthew D. Lieberman and Kipling D. Williams, 'Does Rejection Hurt? An fMRI Study of Social Exclusion', *Science*, 302 (2003)

Elias, Norbert, *The Loneliness of the Dying*, trans. Edmund Jephcott (New York, 2001)

Eliot, George, *Middlemarch* (New York and London, 2000)

Eliot, T. S., *The Cocktail Party*, in *The Complete Poems and Plays* (London, 1987)

Emerson, Ralph Waldo, 'Experience', in *The Essential Writings of Ralph Waldo Emerson* (New York, 2000)

———, 'Nature', in *The Essential Writings of Ralph Waldo Emerson* (New York, 2000)

Emler, Nick, 'Gossip, Reputation and Social Adaptation', in *Good Gossip*, ed. Robert F. Goodman and Aaron Ben-Ze'ev (Lawrence, KS, 1994)

Ernst, John M., and John T. Cacioppo, 'Lonely Hearts: Psychological Perspectives on Loneliness', *Applied and Preventive Psychology*, 8 (1999)

EU, *Independent Living for the Ageing Society*, 2010, http://ec.europa.eu/information_society/activities/ict_psp/documents/independent_living.pdf

Fichte, Johann Gottlieb, 'Some Lectures Concerning the Scholar's Vocation', in *Early Philosophical Writings*, trans. and ed. Daniel Breazeale (Ithaca, NY, 1988)

———, *The System of Ethics*, trans. and ed. Daniel Breazeale and Günther Zöller (Cambridge, 2005)

Findlay, Robyn A., 'Interventions to Reduce Social Isolation Amongst Older People: Where is the Evidence?', *Ageing and Society*, 23 (2003)

Fischer, Claude S., 'The 2004 Finding of Shrunken Social Networks: An Artifact', *American Social Review*, 74 (2009)

———, *Still Connected: Family and Friends in America Since 1970* (New York, 2011)

_____, *Made in America: A Social History of American Culture and Character* (Chicago, 2010)

Flett, Gordon L., Paul L. Hewitt and Tessa De Rosa, 'Dimensions of Perfectionism, Psychosocial Adjustment, and Social Skills', *Personality and Individual Differences*, 2 (1996)

Folkehelseinsituttet, 'Sosial støtte og ensomhet – faktaark', Oslo, 2015, www.fhi.no/tema/psykisk–helse/sosial–stotte–og–ensomhet

Ford, Richard, *Canada* (London, 2012)

Frankfurt, Harry G., *Taking Ourselves Seriously and Getting it Right* (Stanford, CA, 2006)

_____, *The Importance of what We Care About* (Cambridge, 1998)

_____, *The Reasons of Love* (Princeton, NJ, and New York, 2004)

Fukuyama, Francis, 'The Great Disruption', *Atlantic Monthly* (May 1999)

_____, *Political Order and Political Decay* (London, 2014)

_____, *Trust: The Social Virtues and the Creation of Prosperity* (New York, 1996)

Galanaki, Evangelia P., 'Are Children Able to Distinguish among the Concepts of Aloneness, Loneliness, and Solitude?', *International Journal of Behavioural Development*, 5 (2004)

Gardner, Wendi L., et al., 'On the Outside Looking In: Loneliness and Social Monitoring', *Personality and Social Psychology Bulletin*, 11 (2005)

Garve, Christian, *Ueber Gesellschaft und Einsamkeit*, vol. II (Breslau, 1979/1800)

Geller, Jeffrey S., et al., 'Loneliness as a Predictor of Hospital Emergency Department Use', *Journal of Family Practice*, 12 (1999)

Gere, Judith, and Geoff MacDonald, 'An Update of the Empirical Case for the Need to Belong', *Journal of Individual Psychology*, 66 (2010)

Gerstel, Naomi, and Natalia Sarkisian, 'Marriage: The Good, the Bad, and the Greedy', *Contexts*, 4 (2006)

Gibson, Hamilton B., *Loneliness in Later Life* (London, 2000)

Giddens, Anthony, *Modernity and Self–identity: Self and Identity in the Late Modern Age* (Cambridge, 1991)

_____, *The Transformations of Intimacy* (Oxford, 1992)

Goethe, Johann Wolfgang von, *The Sorrows of Young Werther*, trans. Michael Hulse (London and New York, 1989)

Goossens, Luc, et al., 'The Genetics of Loneliness: Linking Evolutionary Theory to Genome–wide Genetics, Epigenetics, and Social Science', *Perspectives on Psychological Science*, 3 (2015)

Goswick, Ruth Ann, and Warren H. Jones, 'Loneliness, Self–concept, and

Adjustment', *Journal of Psychology*, 107 (1981)

Grimen, Harald, *Hva er tillit* (Oslo, 2009)

Gross, Daniel M., *The Secret History of Emotion: From Aristotle's Rhetoric to Modern Brain Science* (Chicago, IL, 2006)

Halvorsen, Knut, *Ensomhet og sosial isolasjon i vår tid* (Oslo, 2005)

Hammitt William E., Kenneth F. Backman and T. Jason Davis, 'Cognitive Dimensions of Wilderness Privacy: An 18—year Trend Comparison', *Leisure Sciences*, 4 (2001)

Hampton, Keith, et al., *Social Isolation and New Technology*, Pew Research Center, Washington, DC, 2009, www.pewinternet.org/Reports/2009/18—Social—Isolatio n —and—New—Technology.aspx

Hauge, Olav H., 'Attum einsemds berg', in *Dikt i samling* (Oslo, 1996)

Hawkley, Louise C., and John T. Cacioppo, 'Aging and Loneliness — Downhill Quickly?', *Current Directions in Psychological Science*, 4 (2007)

_____, and John T. Cacioppo, 'Loneliness Matters: A Theoretical and Empirical Review of Consequences and Mechanisms', *Annals of Behavioral Medicine*, 2 (2010)

_____, and John T. Cacioppo, 'Perceived Social Isolation: Social Threat Vigilance and its Implication for Health', in *The Oxford Handbook of Social Neuroscience*, ed. Jean Decety and John T. Cacioppo (Oxford and New York, 2001)

_____, et al., 'Loneliness in Everyday Life: Cardiovascular Activity, Psychosocial Context, and Health Behaviors', *Journal of Personality and Social Psychology*, 1 (2003)

Hayek, Friedrich A., *The Collected Works of F. A. Hayek*, vol. XVII: *The Constitution of Liberty*, ed. Ronald Hamowy (Chicago, IL, 2011)

Hegel, G.W.F., *Hegel's Aesthetics: Lectures on Fine Art*, vol. I, trans. T. M. Knox (Oxford, 1975)

Heidegger, Martin, *The Basic Problems of Phenomenology*, trans. Albert Hofstadter (Bloomington, IN, 1988)

_____, *Being and Time*, trans. Joan Stambaugh (Albany, NY, 2010)

_____, *The Fundamental Concepts of Metaphysics: World, Finitude, Solitude*, trans. William McNeill and Nicholas Walker (Bloomington, IN, 1995)

_____, *History of the Concept of Time: Prologmena*, trans. Theodore Kisiel (Bloomington, IN, 1992)

_____, *Hölderlin's Hymns 'Germania' and 'The Rhine'*, trans. William McNeill and Julia Ireland (Bloomington, IN, 2014)

_____, *Logic as the Question Concerning the Essence of Language*, trans. Wanda

Torres Gregory and Yvonne Unna (Albany, NY, 2009)

_____, Nietzsche, vol. I: _The Will to Power as Art_, trans. David Farrell Krell (New York, 1991)

_____, _Ontology: The Hermeneutics of Facticity_, trans. John van Buren (Bloomington, IN, 1999)

_____, _Pathmarks_, trans. and ed. William McNeill (Cambridge, 1998)

_____, _Plato's Sophist_, trans. Richard Rojcewicz and André Schuwer (Bloomington, IN, 2003)

_____, _What is Called Thinking?_, trans. J. Glenn Gray (New York, 1968)

Heine, Steven J., Travis Proulx and Kathleen D. Vohs, 'The Meaning Maintenance Model: On the Coherence of Social Motivations', _Personality and Social Psychology Review_, 2 (2006)

Heinrich, Liesl M., and Eleonora Gullone, 'The Clinical Significance of Loneliness: A Literature Review', _Clinical Psychology Review_, 6 (2006)

Hobbes, Thomas, _Leviathan_, ed. Edwin Curley (Indianapolis, IN, 1994)

Holt−Lunstad, Julianne, Timothy B. Smith and J. Bradley Layton, 'Social Relationships and Mortality Risk: A Meta−analytic Review', _PLOS Medicine_, 7 (2010)

Hosking, Geoffrey, _Trust: A History_ (Oxford, 2014)

Hume, David, _A Treatise of Human Nature_, ed. L. A. Selby−Bigge, 2nd edn (Oxford, 1978)

_____, _Enquiries Concerning Human Understanding and Concerning the Principles of Morals_ (Oxford, 1975)

Høie, Bent, 'En viktig vaksine', www.mentalhelse.no/psykobloggen/alle−blogginnlegg/en−viktig−vaksine

James, William, _The Principles of Psychology_, vol. I [1890] (New York, 2007)

Jaspers, Karl, _Philosophie II. Existenzerhellung_ (Heidelberg, Berlin and New York, 1973)

_____, 'The Individual and Solitude,' trans. Mario Wenning and Betinno Bergoed, _Phaenex_, 6 (2011)

John of the Cross, St, _Dark Night of the Soul_, trans. E. Allison Peers (New York, 1959)

Jones, Warren H., 'Loneliness and Social Contact', _Journal of Social Psychology_, 113 (1981)

_____, J. E. Freemon and Ruth Ann Goswick, 'The Persistence of Loneliness: Self and Other Determinants', _Journal of Personality_, 1 (1981)

_____, Steven A. Hobbs and Don Hockenbury, 'Loneliness and Social Skill Deficits',

Journal of Personality and Social Psychology, 4 (1982)

———, and T. L. Moore, 'Loneliness and Social Support', Journal of Social Behavior and Personality, 2 (1987)

———, Carol Sansone, and Bob Helm, 'Loneliness and Interpersonal Judgments', Personality and Social Psychology Bulletin, 9 (1983)

Jong Gierveld, Jenny De, and Van Tilburg, 'The De Jong Gierveld Short Scales for Emotional and Social Loneliness: Tested on Data from Seven Countries in the UN Generations and Gender Surveys', European Journal of Ageing, 2 (2010)

Joyce, James, 'A Portrait of the Artist as a Young Man', and 'Dubliners' (New York, 2004)

Kahneman, Daniel, et al., 'A Survey Method for Characterizing Daily Life Experience: the Day Reconstruction Method', Science, 3 (2004)

Kant, Immanuel, 'An Answer to the Question: What is Enlightenment?', in Perpetual Peace and Other Essays, trans. Ted Humphrey (Indianapolis, IN, 1983)

———, Anthropology from a Pragmatic Point of View, trans. and intro. Mary J. Gregor (The Hague, 1974)

———, 'Conjectural Beginning of Human History', trans. Allen W. Wood, in Anthropology, History and Education, ed. Günther Zöller (Cambridge, 2007)

———, Critique of Judgement, trans. John H. Bernard (New York, 2007)

———, 'Idea for a Universal History with a Cosmopolitan Purpose', in Political Writings, trans. H. B. Nisbet, ed. Hans Reiss (Cambridge, 1991)

———, 'Idea of a Universal History with a Cosmopolitan Purpose', in Political Writings, trans. H. B. Nisbet, ed. H. S. Reiss (New York, 1991)

———, Lectures on Anthropology, trans. Robert R. Clewis et. al., ed. Allen W. Wood (Cambridge, 2012)

———, Lectures on Ethics, trans. and ed. Peter Heath (Cambridge, 1997)

———, The Metaphysics of Morals, trans. and ed. Mary Gregor (Cambridge, 1996)

———, Observations on the Feeling of the Beautiful and Sublime, trans. John T. Goldthwait (Berkeley, CA, 1960)

Kelly, Kristine M., 'Individual Differences in Reactions to Rejection', in Interpersonal Rejection, ed. Mark R. Leary (Oxford and New York, 2001)

Kierkegaard, Søren, Sickness Unto Death: A Christian Psychological Exposition of Edification and Awakening by Anti-Climacus, trans. Alastair Hannay (London and New York, 1989)

Klinenberg, Eric, Going Solo: The Extraordinary Rise and Appeal of Living Alone (New York, 2012)

Koto, Akiko, et al., 'Social Isolation Causes Mortality by Disrupting Energy

Homeostasis in Ants', *Behavioral Ecology and Sociobiology*, 4 (2015)

Kraut, Robert, et al., 'Internet Paradox: A Social Technology that Reduces Social Involvement and Psychological Well−being', *American Psychologist*, 9 (1998)

_____, et al., 'Internet Paradox Revisited', *Journal of Social Issues*, 1 (2002)

Kupersmidt, Janis B., et al., 'Social Self−discrepancy Theory and Loneliness During Childhood and Adolescence', in *Loneliness in Childhood and Adolescence*, ed. K. J. Rotenberg and S. Hymel (Cambridge, 1999)

La Rochefoucauld, François de, *Collected Maxims and Other Reflections*, trans. E. H. and A. M. Blackmore and Francine Giguère (Oxford, 2007)

Larson, Reed W., 'The Emergence of Solitude as a Constructive Domain of Experience in Early Adolescence', *Child Development*, 1 (1997)

_____, 'The Solitary Side of Life: An Examination of the Time People Spend Alone from Childhood to Old Age', *Child Developmental Review*, 1 (1990)

Lau, S., and E. Gruen, 'The Social Stigma of Loneliness: Effect of Target Person's and Perceiver's Sex', *Personality and Social Psychology Bulletin*, 18 (1992)

Lawrence, D. H., *Late Essays and Articles* (Cambridge, 2004)

Leary, Mark R., et al., 'Finding Pleasure in Solitary Activities: Desire for Aloneness or Disinterest in Social Contact?', *Personality and Individual Differences*, 35 (2003)

Lemay, Edward P., and Margaret S. Clark, '"Walking on Eggshells": How Expressing Relationship Insecurities Perpetuates Them', *Journal of Personality and Social Psychology*, 2 (2008)

Lewis, C. S., *The Four Loves* (New York, 1960)

Lieberman, Matthew D., *Social: Why Our Brains are Wired to Connect* (New York, 2013)

Locke, John, *Of the Conduct of the Understanding*, in *The Works of John Locke: A New Edition*, vol. III (Aalen, 1963)

_____, *Two Treatises of Government* (Cambridge, 1988)

Long, Christopher, and James R. Averill, 'Solitude: An Exploration of Benefits of Being Alone', *Journal for the Theory of Social Behaviour*, 1 (2003)

Lucht, Michael J., et al., 'Associations between the Oxytocin Receptorgene (OXTR) and Affect, Loneliness and Intelligence in Normal Subjects', *Progress in Neuro−psychopharmacology and Biological Psychiatry*, 5 (2009)

Lykes, Valerie A., and Markus Kemmelmeier, 'What Predicts Loneliness? Cultural Difference Between Individualistic and Collectivistic Societies in Europe', *Journal of Cross−cultural Psychology*, 3 (2014)

Løgstrup, K. E., *The Ethical Demand*, trans. University of Notre Dame Press (Notre

Dame, IN, 1997)

MacDonald, Geoff, and Mark R. Leary, 'Why Does Social Exclusion Hurt? The Relationship Between Social and Physical Pain', *Psychological Bulletin*, 2 (2005)

Macho, Thomas, 'Mit sich allein: Einsamkeit als Kulturtechnik', in *Einsamkeit. Archäologie der literarischen Kommunikation VI*, ed. Aleida Assman and Jan Assman (Munich, 2000)

McPherson, Michael, Lynn Smith‒Lovin and Matthew E. Brashears, 'Social Isolation in America: Changes in Core Discussion Networks over Two Decades', *American Social Review*, 71 (2006)

Mahon, Noreen E., and Adela Yarcheski, 'Alternate Explanations of Loneliness in Adolescents: A Replication and Extension Study', *Nursing Research*, 41 (1992)

_____, and Adela Yarcheski, 'Loneliness in Early Adolescents: An Empirical Test of Alternate Explanations', *Nursing Research*, 37 (1988)

Maner, Jon K., et al., 'Does Social Exclusion Motivate Interpersonal Reconnection? Resolving the "Porcupine Problem"', *Journal of Personality and Social Psychology*, 1 (2007)

Marar, Ziyad, *The Happiness Paradox* (London, 2003)

Marche, Stephen, 'Is Facebook Making Us Lonely?', *The Atlantic*, March 2012, www.theatlantic.com/magazine/archive/2012/05/is‒facebook‒making‒us‒lonely/308930

Marquard, Odo, *Farewell to Matters of Principle*, trans. Robert M. Wallace (New York and Oxford, 1989)

_____, 'Plädoyer für die Einsamkeitsfähigkeit', in *Skepsis und Zustimmung. Philosophische Studien* (Stuttgart, 1995)

Masi, Christopher M., et al., 'A Meta‒analysis of Interventions to Reduce Loneliness', *Personality and Social Psychology Review*, 3 (2011)

May, Simon, *Love: A History* (New Haven, CT, and London, 2011)

Mayers, Aviva M., Siek‒Toon Khoo and Martin Svartberg, 'The Existential Loneliness Questionnaire: Background, Development, and Preliminary Findings', *Journal of Clinical Psychology*, 9 (2002)

Mead, George H., *Mind, Self and Society* [1934] (Chicago and London, 1967).

Meer, Tom van der, and Jochem Tolsma, 'Ethnic Diversity and its Effects on Social Cohesion', *Annual Review of Sociology*, 40 (2014)

Mellor, David, et al., 'Need for Belonging, Relationship Satisfaction, Loneliess, and Life Satisfaction', *Personality and Individual Differences*, 45 (2008)

Mijuskovic, Ben Lazare, *Loneliness in Philosophy, Psychology and Literature*, 3rd edn (Bloomington, IN, 2012)

Mill, John Stuart, *Collected Works of John Stuart Mill*, vol. III: *Principles of Political Economy with Some of their Applications to Social Philosophy* (Toronto and London, 1974)

Milligan, Tony, *Love* (Durham, 2001)

Milton, John, *Paradise Lost* (London, 2000)

Monbiot, George, 'The Age of Loneliness is Killing Us', *The Guardian*, 14 October 2014

Montaigne, Michel de, 'Of Friendship', in *Essays*, trans. Charles Cotton, ed. William Carew (Auckland, 2009)

_____, 'Of Solitude', in *Essays*, trans. Charles Cotton, ed. William Carew Hazlitt (Auckland, 2009)

_____, 'Of Three Commerces', in *Essays*, trans. Charles Cotton, ed. William Carew Hazlitt (Auckland, 2009)

Moody, Eric J., 'Internet Use and its Relationship to Loneliness', *CyberPsychology and Behavior*, 3 (2001)

Moore, Barrington, Jr, *Privacy: Studies on Social and Cultural History* (Armonk, NY, 1984)

Murakami, Haruki, *Colorless: Tsukuru Tazaki and His Years of Pilgrimage*, trans. Philip Gabriel (New York, 2012)

Murray, Sandra L., et al., 'Balancing Connectedness and Self−protection Goals in Close Relationships: A Levels−of−processing Perspective on Risk Regulation', *Journal of Personality and Social Psychology*, 3 (2008)

Musick, Kelly, and Larry Bumpass, 'Reexamining the Case for Marriage: Union Formation and Changes in Well−being', *Journal of Marriage and Family*, 1 (2012)

Mykle, Agnar, *Largo* (Oslo, 1968)

Næss, Kristine, *Bare et menneske* (Oslo, 2014)

Nietzsche, Friedrich, Beyond Good and Evil, trans. Judith Norman, ed. Rolf−Peter Horstmann and Judith Norman (Cambridge, 2002)

_____, *Daybreak: Thoughts on the Prejudices of Morality*, trans. R. J. Hollingdale, ed. Maudemarie Clark and Brian Leiter (Cambridge, 1997)

_____, *The Gay Science*, trans. Josefine Nauckhoff, ed. Bernard Williams (Cambridge, 2003)

_____, *Human, All Too Human: Parts One and Two*, trans. Helen Zimmern and Paul V. Cohn (Mineola, NY, 2006)

_____, *Nachgelassene Fragmente, 1880−1882*, in *Kritische Studienausgabe*, vol. IX (Munich, Berlin and New York, 1988)

_____, *Thus Spoke Zarathustra: A Book for Everybody and Nobody*, trans. Graham

Parkes (Oxford, 2005)

Norman, Greg J., et al., 'Oxytocin Increases Autonomic Cardiac Control: Moderation by Loneliness', *Biological Psychology*, 3 (2011)

OECD, *Society at a Glance, 2011: OECD Social Indicators* (OECD Publishing, 2011)

——, *Society at a Glance, 2014: OECD Social Indicators* (OECD Publishing, 2014)

Olds, Jacqueline, and Richard S. Schwartz, *The Lonely American: Drifting Apart in the Twenty−first Century* (Boston, MA, 2009)

Ortony, Andrew, et al., *The Cognitive Structure of the Emotions* (Cambridge, 1998)

Ozcelic, Akan, and Sigal Barsade, 'Work Loneliness and Employee Performance', http://webpages.csus.edu/~ozcelikh/Ozcelik_Barsade_Work_Loneliness_Paper. pdf, accessed 19 April 2015

Pascal, Blaise, *Pensées*, trans. W. F. Trotter (Mineola, NY, 2003)

Peplau, Letitia Anne, and Daniel Perlman, 'Perspectives on Loneliness', in *Loneliness: A Sourcebook of Current Theory, Research and Therapy*, ed. Letitia Anne Peplau and Daniel Perlman (New York, 1982)

Perlman, Daniel, and Letitia Anne Peplau, 'Toward a Social Psychology of Loneliness', in *Personal Relationships, 3: Personal Relationships in Disorder*, ed. S. W. Duck and R. Gilmour (London, 1981)

Petrarch, *The Life of Solitude*, trans. Jacob Zeitlin (Urbana, IL, 1978)

Pinquart, Martin, and Silvia Sorensen, 'Influences on Loneliness in Older Adults: A Meta analysis', *Basic and Applied Social Psychology*, 4 (2001)

Plato, *Symposium*, trans. Seth Benardete (Chicago, IL, 2001)

Putnam, Robert, *Bowling Alone* (New York, 2000)

Quindoz, Jean−Michel, *The Taming of Solitude: Separation Anxiety in Psychoanalysis*, trans. Philip Slotkin (London, 1993)

Rainie, Harrison, and Barry Wellman, *Networked: The New Social Operating System* (Cambridge, MA, 2012)

Reis, Harry T., 'The Role of Intimacy in Interpersonal Relations', *Journal of Social and Clinical Psychology*, 9 (1990)

Rilke, Rainer Maria, *Letters to a Young Poet*, trans. Reginald Snell (Mineola, NY, 2002)

Rojas, Yerko, *Childhood Social Exclusion and Suicidal Behavior in Adolescence and Young Adulthood* (Stockholm, 2014)

Rokach, Ami, 'The Effect of Age and Culture on the Causes of Loneliness', *Social Behaviour and Personality*, 2 (2007)

——, et al., 'The Effects of Culture on the Meaning of *Loneliness*', *Social Indicators Research*, 53 (2001)

Rotenberg, Ken J. 'Loneliness and Interpersonal Trust', *Journal of Social and Clinical Psychology*, 2 (1994)

_____, 'Parental Antecedents of Children's Loneliness', in *Loneliness in Childhood and Adolescence*, ed. Ken J. Rotenberg and Shelly Hymel (Cambridge, 1999)

_____, and Jane Kmill, 'Perception of Lonely and Non−lonely Persons as a Function of Individual Differences in Loneliness', *Journal of Social and Personal Relationships*, 2 (1992)

_____, et al., 'The Relation between Trust Beliefs and Loneliness during Early Childhood, Middle Childhood, and Adulthood', *Personality and Social Psychology Bulletin*, 8 (2010)

_____, et al., 'The Relationship between Loneliness and Interpersonal Trust during Middle Childhood', *Journal of Genetic Psychology*, 3 (2004)

Rousseau, Jean−Jacques, *Discourse on the Origin of Inequality*, trans. and ed. Greg Boroson (Mineola, NY, 2004)

_____, *Emile, or, On Education*, trans. Allan Bloom (New York, 1979)

_____, *The Reveries of the Solitary Walker*, trans. Charles E. Butterworth (Indianapolis, IN, 1992)

Russell, Bertrand, *Autobiography* (London, 2010)

_____, *Unpopular Essays* (London/New York, 2009)

Russell, Daniel W., et al., 'Is Loneliness the Same as Being Alone?', *Journal of Psychology*, 1−2 (2012)

Sandel, Michael, *Liberalism and the Limits of Justice* (Cambridge, 1982)

Sartre, Jean−Paul, *Being and Nothingness*, trans. Hazel E. Barnes (New York, 1956)

_____, *Nausea*, trans. Lloyd Alexander (New York, 2007)

Scarry, Elaine, *The Body in Pain: The Making and the Unmaking of the World* (Oxford, 1985)

Schlögel, Karl, *Moscow, 1937*, trans. Rodney Livingstone (Cambridge, 2012)

Schopenhauer, Arthur, *Parerga and Paralipomelia: A Collection of Philosophical Essays*, trans. T. Bailey Saunders (New York, 2007)

Sen, Amartya, *Rationality and Freedom* (Cambridge, 2002)

Sennett, Richard, *The Fall of Public Man* (London, 2002)

Sermat, Vello, 'Some Situational and Personality Correlates of Loneliness', in *The Anatomy of Loneliness*, ed. Joseph Hertog, J. Ralph Audy and Yehudi A. Cohen (New York, 1980)

Shaftesbury, Anthony Ashley Cooper, Earl of, *Characteristics of Men, Manners, Opinions, Times* (Cambridge, 2000)

Shallcross, Sandra L., and Jeffrey A. Simpson, 'Trust and Responsiveness in Strain-test Situations: A Dyadic Perspective', *Journal of Personality and Social Psychology*, 5 (2012)

Shaver, Philip Wyndol Furman, and Duane Buhrmester, 'Transition to College: Network Changes, Social Skills, and Loneliness', in *Understanding Personal Relationships: An Interdisciplinary Approach*, ed. Steve Duck and Daniel Perlman (Thousand Oaks, CA, 1985)

Simmel, Georg, 'Die beiden Formen des Individualismus', in *Aufsätze und Abhandlungen, 1901-1908*, Gesamtausgabe Band 7 (Frankfurt, 1995)

———, *Kant. Die Probleme der Geschichtsphilosophie (1905/1907)*, Gesamtausgabe Band 9 (Frankfurt, 1995)

———, 'Kant und der Individualismus', in *Aufsätze und Abhandlungen, 1901-1908*, Gesamtausgabe Band 7 (Frankfurt, 1995)

———, 'The Metropolis and Mental Life', trans. Allen J. Scott, in *The Blackwell City Reader*, 2nd edn. ed. Gary Bridge and Sophie Watson (Oxford, 2010)

———, *The Philosophy of Money*, trans. Tom Bottomore and David Frisby (New York, 2004)

———, *Sociology: Inquiries into the Construction of Social Forms*, vol. I, trans. and ed. Anthony J. Blasi, Anton K. Jacobs and Matthew Kanjirathinkal (Leiden, 2009)

Slater, Philip, *The Pursuit of Loneliness: American Culture at the Breaking Point* (Boston, MA, 1970)

Sloterdijk, Peter, *You Must Change Your Life*, trans. Wieland Hoban (Cambridge and Malden, MA, 2013)

Smith, Adam, *Theory of Moral Sentiments*, Glasgow edition, vol. I (Indianapolis, IN, 1976)

Solano, Cecilia H., Phillip G. Batten and Elizabeth A. Parish, 'Loneliness and Patterns of Self-disclosure', *Journal of Personality and Social Psychology*, 3 (1982)

Spitzberg, Brian H., and Daniel J. Canary, 'Loneliness and Relationally Competent Communication', *Journal of Social and Personal Relationships*, 2 (1985)

Stendhal, *On Love*, trans. Philip Sidney Woolf and Cecil N. Sidney Woolf (New York, 1916)

Stillman, Tyler F., et al., 'Alone and Without Purpose: Life Loses Meaning Following Social Exclusion', *Journal of Experimental Social Psychology*, 4 (2009)

Stravynski, Ariel, and Richard Boyer, 'Loneliness in Relation to Suicide Ideation and Parasuicide, a Population-wide Study', *Suicide and Life-threatening Behavior*, 1 (2001)

Svendsen, Lars, *A Philosophy of Boredom*, trans. John Irons (London, 2005)

_____, *A Philosophy of Freedom*, trans. Kerri Pierce (London, 2014)

Taylor, Charles, *Philosophical Papers*, vol. I: *Human Agency and Language* (Cambridge, 1985)

_____, *The Ethics of Authenticity* (Cambridge, 1992)

Teppers, Eveline, et al., 'Personality Traits, Loneliness, and Attitudes Toward Aloneness in Adolescence', *Journal of Social and Personal Relationships*, 8 (2013)

Terrell, Francis, Ivanna S. Terrell and Susan R. von Drashek, 'Loneliness and Fear of Intimacy among Adolescents who were Taught Not to Trust Strangers During Childhood', *Adolescence*, 35 (2000)

Thompson, Irene Taviss, 'The Theory that Won't Die: From Mass Society to the Decline of Social Capital', *Sociological Forum*, 3 (2005)

Thoreau, Henry D., *Walden, A Fully Annotated Edition* (New Haven, ct, and London, 2004)

Tilburg, Theo van, 'The Size of Supportive Network in Association with the Degree of Loneliness', in *Social Network Research: Substantive Issues and Methodological Questions*, ed. C.P.M. Knipscheer and T. C. Antonucci (London, 1990)

Tocqueville, Alexis de, 'A Fortnight in the Wilderness', in *Democracy in America*, Historical−critical edition, trans. James T. Schleifer (Indianapolis, IN, 2010)

_____, *Democracy in America*, Historical−critical edition, trans. James T. Schleifer (Indianapolis, IN, 2010)

_____, 'Journey to Lake Oneida', in *Democracy in America*, Historical−critical edition, trans. James T. Schleifer (Indianapolis, IN, 2010)

_____, *Selected Letters on Politics and Society*, trans. James Toupin and Roger Boesche (Berkeley, Los Angeles and London, 1985)

Tolstoy, Leo, *Family Happiness and Other Stories* (New York, 2005)

Tornstam, Lars, 'Loneliness in Marriage', *Journal of Social and Personal Relationships*, 2 (1995)

Turkle, Sherry, *Alone Together: Why We Expect More from Technology and Less from Each Other* (New York, 2011)

Twenge, Jean M., and W. Keith Campbell, *The Narcissism Epidemic: Living in the Age of Entitlement* (New York, 2013)

_____, Kathleen R. Catanese and Roy F. Baumeister, 'Social Exclusion Causes Self−defeating Behavior', *Journal of Personality and Social Psychology*, 83 (2002)

_____, Kathleen R. Catanese and Roy F. Baumeister, 'Social Exclusion and the Deconstructed State: Time Perception, Meaninglessness Lethargy, Lack of

Emotion, and Self—awareness', *Journal of Personality and Social Psychology*, 85 (2003)

———, et al., 'If you Can't Join Them, Beat Them: Effects of Social Exclusion on Aggressive Behavior', *Journal of Personality and Social Psychology*, 81 (2001)

———, et al., 'Social Exclusion Decreases Prosocial Behavior', *Journal of Personality and Social Psychology*, 92 (2007)

Vanhalst, Janne, et al., 'The Development of Loneliness from Mid— to Late Adolescence: Trajectory Classes, Personality Traits, and Psychosocial Functioning', *Journal of Adolescence*, 5 (2012)

Vaux, Alan, 'Social and Emotional Loneliness: The Role of Social and Personal Characteristics', *Personality and Social Psychology Bulletin*, 14 (1988)

Victor, Christina R., and Keming Yang, 'The Prevalence of Loneliness Among Adults: A Case Study of the United Kingdom', *Journal of Psychology*, 1–2 (2012)

———, Sasha Scrambler and John Bond: *The Social World of Older People* (Maidenhead, 2009)

———, et al., 'Has Loneliness Amongst Older People Increased? An Investigation into Variations between Cohorts', *Ageing and Society*, 22 (2002)

Wang, Guoying, et al., 'Loneliness among the Rural Older People in Anhui, China: Prevalence and Associated Factors', *International Journal of Geriatric Psychiatry*, 1 (2011)

Wanzer, Melissa Bekelja, Melanie Booth—Butterfield and Steve Booth—Butterfield, 'Are Funny People Popular? An Examination of Humor Orientation, Loneliness, and Social Attraction', *Communication Quarterly*, 1 (1996)

Weber, Max, *The Protestant Ethic and the Spirit of Capitalism* (London and New York, 1992)

Weintraub, Jeff, and Krishan Kumar, eds, *Public and Private in Thought and Practice: Reflections on a Grand Dichotomy* (Chicago, IL, 1997)

Weisbuch, Max, and Nalini Ambady, 'Affective Divergence: Automatic Responses to Others' Emotions Depend on Group Membership', *Journal of Personality and Social Psychology*, 5 (2008)

Weiss, Robert S., *Loneliness: The Experience of Emotional and Social Isolation* (Cambridge, MA, 1975)

Wheeler, Ladd, Harry Reis and John Nezlek, 'Loneliness, Social Interaction, and Sex Roles', *Journal of Personality and Social Psychology*, 4 (1983)

Whitty, Monica T., and Deborah McLaughlin, 'Online Recreation: The Relationship between Loneliness, Internet Self—efficacy and the Use of the Internet for Entertainment Purposes', *Computers in Human Behaviour*, 3 (2007)

Williams, Kipling D., 'Ostracism: The Impact of Being Rendered Meaningless', in *The Social Psychology of Meaning, Mortality, and Choice*, ed. Philip R. Shaver and Mario Mikulincer (Washington, DC, 2012)

Wilson, Timothy D., et al., 'Just Think: The Challenges of the Disengaged Mind', *Science*, 6192 (2014)

Wittgenstein, Ludwig, *The Blue Book* (Oxford, 1958)

____, *Philosophical Investigations*, 2nd edn, trans. G.E.M. Anscombe (Oxford, 1986)

____, *Philosophical Occasions, 1912–1951* (Indianapolis, IN, and Cambridge, 1993)

____, *Tractatus logico–philosophicus*, trans. D. F. Pears and B. F. McGuinness (London, 2004)

Wollebæk, Dag, and Signe Bock Segaard, *Sosial kapital i Norge* (Oslo, 2011)

Wordsworth, William, *The Prelude: The Four Texts (1798, 1799, 1805, 1850)* (London, 1995)

Yang, Keming, and Christina R. Victor, 'Age and Loneliness in 25 European Nations', *Ageing and Society*, 31 (2001)

____, and Christina R. Victor, 'The Prevalence of and Risk Factors for Loneliness among Older People in China', 3 (2008)

Young, J. E., 'Loneliness, Depression, and Cognitive Therapy: Theory And Application', in *Loneliness: A Sourcebook of Current Theory, Research and Therapy*, ed. Letitia Anne Peplau and Daniel Perlman (New York, 1982)

Zimmerman, Johann Goerg, *Über gesellschaft und Einsamkeit*, 4 vols (Leipzig, 1784/5)

　원고를 읽고 의견을 말해준 시리 쇨리, 마리우스 독스헤임, 얀 함메르, 에리크 토르스텐센에게 감사한다. 특히 노르웨이 생활 여건 연구 조사의 데이터 정리를 도와준 토마스 세베니우스 닐센에게 고맙다는 인사를 전한다. 마지막으로 몹시 중요한 사람이 있다. 지난 몇 년간 내 책의 편집을 맡아주었으며 이번에도 통찰과 조언을 제공해준 잉리 우겔비크에게 감사한다.

책이라는 매체의 미래는 밝지 않다고 하지만 여전히 서점의 신
간 매대를 보면 책은 시대의 흐름을 잘 반영하고 있거나 적어도
열심히 따라잡고 있거나 둘 중 하나처럼 보인다. 그리고 몇 년 전
부터 가장 꾸준한 흐름은 조직이나 가족의 구성원이 아닌 개인
의 삶에 대한 모색일 것이다. 퇴사와 그 이후의 삶을 다룬 책이
이렇게나 많은 것을 보건대, 최근에도 혼자이지만 정성스럽게 살
아보자는 메시지의 책들이 독자들에게 좋은 반응을 얻고 있는
것을 보건대, 이 흐름은 여전히 진행 중이다. 개인의 재능이나 라
이프스타일을 수익과 연결하고 있는 크리에이터라는 이름의 1인
사업자들은 이제 웬만한 연예인보다 더 유명세를 누린다. 공중파
방송의 인기 프로그램 제목이 '나 혼자 산다'이고 '혼밥'이나 '혼
술'이라는 신조어는 일상에 깊이 들어와 있어서 사실상 신조어
처럼 느껴지지도 않는다.

그러니 이 시대가 이전 시대보다 더 외로움이 극심하다고 생
각하고 자연스럽게 외로움 문제를 해결하려는 노력을 기울이

는 것은 당연하다. 하지만 저자는 홀로 있음(aloneness)과 외로움(loneliness)은 엄연히 다른 것이며 이 둘을 혼동하기 때문에 외로움에 대한 편견이 나온다고, 본인도 그러한 편견에 매몰돼 있었다고 고백한다. 『지루함의 철학』, 『공포의 철학』, 『악의 철학』 등의 저작을 통해서 우리 삶의 중요한 현상들을 철학적으로 고찰해온 저자 라르스 스벤젠은 "내가 외로움에 대해 안다고 생각했던 바는 거의 다 틀렸다고 판명이 났다. […] 내가 지금껏 다뤘던 모든 주제를 통틀어, 애초의 짐작을 이 정도까지 다 뒤집어야 하는 주제는 없었다."라는 고백으로 이 책의 첫머리를 연다.

실제로 인간은 가족 속에서도 외로움을 느낄 수 있고 연인이나 친구와 문제없이 잘 지내더라도 자기 자신을 외로운 사람이라고 규정할 수 있다. 그리고 혼자 살거나 인간관계가 지극히 협소하더라도 그러한 삶이 선택에 의한 것이라면 외로움이 더 증가하지는 않는다. 돈은 우리의 삶을 두루 지배하지만 삶에 대한 선택을 경제적 잣대로만 이해할 수는 없다. 둘이 살면 더 많은 돈을 모을 수 있고 외로움이나 그 외 독거 생활에 따르는 리스크를 줄일 수 있다 해도 혼자 사는 삶에서 얻는 안락, 가족에 대한 책임으로부터의 자유, 다양한 선택지를 즐길 수 있는 기회가 외려 사람을 덜 외롭게 할 수도 있다. 저자가 강조하듯이 외로움은 감정이기 때문에 이성의 논리로 파악할 수 없거니와 홀로 있음이라는 사태와도 구분되어야 하는 것이기 때문이다.

그러나 선택의 자유는 존재해야 하되 모든 자유로운 선택이 최선의 결과를 낳지는 않는다. 서로를 배려한 느슨한 관계, 삶을 공유하는 존재의 부재 속에서 인간은 괴로움을 느끼게끔 생겨 먹은 존재인지도 모른다. 사르트르의 「구토」의 주인공 앙투안 로캉탱은 고백한다. "그러나 이 자유는 죽음과 비슷하다."라고. 동양 사회에 비해 개인주의가 발달한 서양 사회의 문학 작품에는 유독 외로운 인물이 많이 등장하는데 로캉탱은 그중에서도 가장 먼저 떠오르는 인물이 아닌가 싶다. 그는 주로 도서관에 상주하며 역사학 연구 작업을 하는 외로운 사내다. 그는 수시로 자신이 다른 사람들과 얼마나 멀리 떨어져 있는가를 실감하고 자신이 다른 족속에 속해 있는 것 같다고 생각한다. 로캉탱은 존재자가 자신이(또는 보통 사람들이) 생각하거나 의미를 부여하는 방식과는 다른 방식으로 존재한다는 것을 감지할 때마다 '구토'를 느낀다. 그가 이러한 통찰에 도달할 수 있는 이유는 외롭기 때문이라고 해도 과언이 아니다. 외로움 혹은 고독은 삶의 진실을 —— 설령 그 진실이 "삶은 무의미하다."는 것일지라도 —— 깨닫게 하는 열쇠다.

그러나 삶에는 이 충격적인 욕지기를 극복하고 계속 살아가게 하는 힘이 있다. 로캉탱의 경우에는 음악, 특히 재즈에서 그 힘의 단초를 본다. 본질 혹은 존재자성(存在者性)보다 선행하는 것, 정말로 중요한 것은 실존이다. 실존의 중요성을 뼈저리게 깨달은 자는 이 삶을 어떻게 살 것인가를 진지하게 고민하고 행동할 수 있다.

그러므로 저자는 이 시대의 진짜 문제는 외로움이 아니라 고독이 희박해진 데 있다고까지 말하며, 고독의 중요성을 강조한다. 이러한 저자의 주장은 전작 『지루함의 철학』에서 지적했던 지루함(권태)의 순기능과도 일맥상통한다. 외로움, 지루함, 고독, 악을 정면으로 마주하는 경험은 우리가 삶을 의미있게 살아가기 위해 꼭 필요한 것이다.

이세진

외로움의 철학

1판 1쇄 인쇄   2019년 9월 26일
1판 1쇄 발행   2019년 10월 10일

지은이 라르스 스벤젠
옮긴이 이세진
펴낸이 이종호
편 집 김미숙
디자인 씨오디
발행처 청미출판사
출판등록 2015년 2월 2일 제2015-000040호
주 소 서울시 마포구 토정로 158, 103-1403
전 화 02-379-0377
팩 스 0505-300-0377
전자우편 cheongmipub@daum.net
블로그 blog.naver.com/cheongmipub
페이스북 www.facebook.com/cheongmipub
인스타그램 www.instagram.com/cheongmipublishing

ISBN 979-11-89134-13-6   03100

이 도서의 국립중앙도서관 출판예정도서목록(CIP)은 서지정보유통지원시스템 홈페이지
(http://seoji.nl.go.kr)와 국가자료공동목록시스템(http://www.nl.go.kr/kolisnet)에서
이용하실 수 있습니다.(CIP제어번호 : CIP2019037268)
* 책값은 뒤표지에 있습니다.